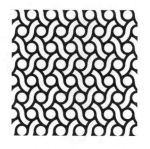

楊照

中國傳統經典選讀 ⑥

莊子

開闊混同的精神世界

目次

中國傳統經典選讀總序

楊照

一

二〇〇七年到二〇一一年，我在「敏隆講堂」連續開設了五年、十三期、一百三十講的「重新認識中國歷史」課程。那是個通史課程，將中國歷史從新石器時代到辛亥革命做了一次整理，其基本精神主要是介紹過去一百多年來在中國歷史研究上的許多重大、新鮮發現與解釋，讓中國歷史不要一直停留在「新史學革命」之前的傳統說法上，所以叫做「重新認識中國歷史」。

這套「中國傳統經典選讀」的內容，最先是以接續「重新認識中國歷史」的課程形式存在，因而在基本取徑上，仍然是歷史的、史學的，等於是換另一種不同的方式，重講一次中國歷史。

「重新認識中國歷史」由我從上下數千年的浩瀚內容中，依照我的判斷，選出重要的、值得介紹、討論的面向，來呈現中國歷史。「中國傳統經典選讀」則轉而希望降低個人主觀的選擇判斷成分，讓學員能夠從原典來認識、了解中國歷史。

從原典認識、了解中國歷史，牽涉到一項極其難得的幸運條件。兩千多年前的中國文字，兩千多年之後，我們一般人竟然都能不用透過翻譯直接閱讀，光靠直覺就能掌握其訊息大概，再多費點工夫多些解釋，還可以還原大部分的本意。中國古文字和我們今天日常使用的這套文字，有著明顯、強烈的延續性，現代通用的大部分文字，其起源可以直接追溯到《詩經》、《尚書》，少部分甚至還能再上推到甲骨、金文。儘管文法有相當差距，儘管字義不完全相同，但古文字和現代文字在運用上，有著容易對照的規律可循。

這是人類文明的奇特狀態。世界歷史上實在找不到另一個例子，從西元前三千年到現在，同一套文字、同一套符號與意義結合的系統，五千年沒有斷裂消失，因而可以直接挪用今天的文字習慣，來接近幾千年前的文獻。

高度延續性的文字傳統，在相當程度上決定了中國文明的基本面貌，也讓中國社會付出了相對的代價，才造就了現實中我們每個人身上極為難得的能力。我們沒有理由不去認知、善用如此特殊的能力吧！

二

閱讀原典的第一個理由是：中國歷史有其原初的材料，透過這些材料的累積、解釋、選擇，才形成了種種對於歷史的敘述說法。對於中國歷史有與趣的人，聽過了別人給的歷史敘述說法後，應該會想要回到原初材料，一方面看看歷史學者如何利用材料炒出菜餚的過程，一方面也自己去覆按檢驗歷史敘述的對錯好壞吧！

我們讀過課本介紹《詩經》是一本什麼樣的書，也聽過許多從《詩經》中擷取材料來重建西周社會面貌的說法，在這樣的基礎上去讀《詩經》，或許你會發現《詩經》的內容和你原本想像的不太一樣；也可以覆按你原先對西周的認識和《詩經》所顯現的，是不是同一回事。不管是哪種經驗，應該都能帶來很大的閱讀樂趣吧！

閱讀原典的第二個理由是：這些產生於不同時空環境下的文獻，記錄的畢竟都是人的經驗與感受，我們今天也就必然能夠站在人的立場上，與其經驗、感受彼此呼應或對照。也就是，我們能夠從中間讀到相似的經驗、感受，隔著時空會心點頭；也能夠從中間讀到相異的經驗、感受，進而擴張了我們的人生體會。

源於一份史學訓練帶來的習慣與偏見，必須承認，我毋寧比較傾向於從原典中獲取其與今日現實相異的刺激。歷史應該讓我們看到人類經驗的多樣性，看到人類生活的全幅可能性，進而挑戰質疑我們視之為理所當然的種種現實狀況。這是歷史與其他學問最根本的不同作用，也是史學存在、無可取代的核心價值。

三

前面提到，擁有延續數千年的文字，讓中國社會付出了相對的代價，其中一項代價，就是影響了中國傳統看待歷史的態度。沒有斷裂、一脈相承的文字，使得中國人和前人、古人極為親近、關係密切。歷史因而在中國從來都不是一門研究過去發生什麼事的獨立學問，歷史和現實之間沒有明顯的界線，形成無法切割的連續體。

理解歷史是為了要在現實上使用，於是就讓後來的觀念想法，不斷持續滲透進中國人對於歷史的敘述中。說得嚴重一點，中國的傳統態度，是一直以現實考量、針對現實所需來改寫歷史。後世不同的現實考量，一層層疊在歷史上，尤其是疊在傳統經典的解釋上。因而我們不得不做的努力，是想辦法將這些後來疊上去的解釋，倒過來一層一層撥開，看看能不能露出相對比較純粹些的原始訊息。如此我們才有把握說，從《詩經》中，我們了解了兩千年前、兩千五百年前中國的某種社會或心理狀況；或是盡量放在周初的政治結構下來呈現《尚書》所表達的周人封建設計，而不至於錯置了秦漢以下的皇帝制價值，來扭曲《尚書》的原意。

意思是，我不會提供「傳統」的讀法，照搬傳統上對於這些文本的解釋。許多傳統上視之為理所當然的說法，特別需要被仔細檢驗，看看那究竟是源自經典原文的意思，還是後來不同時代，因應其不同現實需求，所給予的「有用」卻失真的解讀。

將經典文本放回其產生的歷史時代背景，而非以一種忽略時代的普遍角度，來讀這些傳統經典，是關鍵的前提。也是「歷史式讀法」的操作型定義。

在「歷史式讀法」的基礎上，接著才會有「文學式讀法」。先確認了這些經典不是為我們而寫的，它們產生於很不一樣的時代，是由跟我們過很不一樣生活的先人們所記錄下來的，於是我們就能排除傲慢、自我中心的態度，培養並動用我們的同理心，想像進入他們那樣異質的生活世界中，去接近他們的心靈遺產。

在過程中我們得以拓展自己的感性與知性能力，不只了解了原本無法了解的異質情境；更重要的，還感受了原本從來不曉得自己身體裡會有、可以有的豐富感受。我們的現實生活不可能提供的經驗，只存在於古遠時空中的經驗，藉文字跨越了時空，對我們說話，給我們新鮮、強烈的刺激。

正因為承認了經典產生於很不一樣的時空環境，當我們對經典內容產生感應、感動時，我們有把握，那不是來自於用現實的考量，斷章取義去 **appropriate**（套用）經典，而是這裡面真的有一份普遍的人間條件貫串著、連結著，帶領我們對於人性與人情有更廣大又更精細的認識。

四

「選讀」的做法，是找出重要的傳統經典，從中間擷取部分段落，進行仔細解讀，同時以這些段落為例，試圖呈現一部經典的基本面貌，並說明文本與其產生時代之間的關係。

傳留下來的中國經典規模龐大，要將每一本全文讀完，幾乎是不可能的。因而我選擇的策略，是一方面從原典中選出一部分現代讀者比較容易有共感的內容，另一方面則選出一部分可以傳遞出高度異質訊息的，讓大家獲得一種跨越時空的新鮮、奇特刺激。前者帶來的效果應該是：「啊，他說得太有道理了！」後者期待在大家心中產生的反應則是：「哇，竟然有人會這樣想！」

解讀的過程中，會設定幾個基本問題。在什麼樣的時代、什麼樣的環境中，產生了這樣的作品？當時的讀者如何閱讀、接受這部作品？為什麼承載如此內容的作品會成為經典，長期傳留下來，沒有被淘汰消失？這樣一部作品，曾經發揮了什麼影響作用，以至於使得後來的其他什麼樣的典籍、或什麼樣的事件、思想成為可能？前面的經典和後面的經典，彼此之間有著怎樣的關係？

這幾個問題，多少也就決定了應該找什麼樣的經典來讀的標準。第一條標準，是盡量選擇具有原創性、開創性的作品。在重視、強調歷史、先例的文化價值下，許多中國著作書籍，是衍生性的。《四庫全書》所收錄的三千五百多種書籍，其中光是解釋《論語》的，就超過一百種。不能說這些書裡沒有重要的、有趣的內容，然而畢竟它們都是依附《論語》這部書而來的衍生產物。因而我們就知道，優先該選、該讀的，不會是這裡面任何一本解釋《論語》的書，而是《論語》。《論語》當然比衍生解釋《論語》的書，具備更高的原創性、開創性。

這條標準下，會有例外。王弼注《老子》，郭象注《莊子》，大量援引了佛教觀念來擴張原典說法，進而改變了魏晉以下中國人對「老莊」的基本認識，所以雖然在形式上是衍生的，實質卻藏著高度開創性影響，因而也就應該被選進來認真閱讀。

第二條標準，選出來的文本，還是應該要讓現代中文讀者讀得下去。有些書在談論中國歷史時不能不提，像是《本草綱目》，那是中國植物學和藥理學的重鎮，但今天的讀者面對《本草綱目》，還真不知怎麼讀下去。

還有，一般中國文學史講到韻文文體演變時，固定的說法是「漢賦、唐詩、宋詞、元曲」，唐詩、宋詞、元曲當然該讀，但漢賦怎麼讀？在中國文字的擴張發展史上，漢賦扮演了重要的角色。漢朝的人開始意識到外在世界與文字之間的不等對應關係，很多事物現象找不到相應的字詞來予以記錄、傳達，於是產生了巨大的衝動，要盡量擴充字詞的範圍，想辦法讓字詞的記錄能力趕上複雜的外界繁亂光景。然而也因為那樣，漢賦帶有強烈的「辭書」性格，盡量用上最多最複雜的字，來炫耀表現寫賦的人如此博學。

漢賦其實是發明新文字的工具，儘管表面上看起來好像是文章，有其要描述、傳達的內容。多用字、多用奇字僻字是漢賦的真實目的，至於字所形容描述的，不管是莊園或都會景觀，反而是其次手段。描述一座園林，不是為了傳遞園林景觀，也不是為了藉園林景觀表現什麼樣的人類情感，而是在過程中，將園林裡的事物一一命名。漢賦中有很多名詞，一一指認眼前的東西，給他一個名字；也有很多形容詞，發明新的詞彙來分辨不同的色彩、形體、光澤、聲響……等等；相對的，動詞就沒那麼多。漢賦很重要，絕對值得介紹、值得認識，卻很難讀，讀了極端無趣。真要讀漢賦，我們就只能一個字一個字認、一個字一個字解釋，很難有閱讀上的收穫，比較像是在準備中小學生的國語文競賽。

還有第三條標準，那是不得已的私人標準。我只能選我自己有把握讀得懂的傳統經典。例如說《易經》，它是一本極其重要的書，卻不在我的選擇範圍內。儘管歷史上古往今來有那麼多關於《易經》的解釋，儘管到現在都還一直有新出的《易經》現代詮釋，然而，我始終進入不了那樣一個思想世界。我無法被那樣的術數模式說服，也無從分判究竟什麼是《易經》原文所規範、承載的意義，什麼是後世附麗增飾的。遵循歷史式的閱讀原則，我沒有能力也沒有資格談《易經》。

五

選讀，不只是選書讀，而且從書中選段落來讀。傳統經典篇幅長短差異甚大，文本的難易差異也甚大，所以必須衡量這兩種性質，來決定選讀的內容。

一般來說，我將書中原有的篇章順序，當作內容的一部分；也將書中篇章完整性，當作內容的一部分。這意味著，除非有理由相信書中順序並無意義，或為了凸顯某種特別的對照意義，我盡量不打破原書的先後順序，並且盡量選擇完整的篇章來閱讀，不加以裁剪。

從課堂到成書，受限於時間與篇幅，選出來詳細解讀的，可能只占原書的一小部分，不過我希望能夠在閱讀中摸索整理出一些趨近這本原典的路徑，讓讀者在閱讀中逐漸進入、熟悉，培養出一種與原典親近的感受，做為將來進一步自行閱讀其他部分的根柢。打好這樣的根柢，排除掉原先對經典抱持的距離感，是閱讀、領略全書最重要的開端。

第一章　連續的世界觀

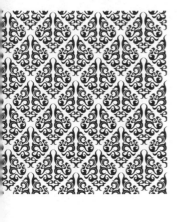

誰才是笨蛋

嚴格意義的「作者」，在中國傳統中相對較晚出現。很早就有了書，書有著明白的內容，但究竟這些書是誰寫的，卻不清楚。《尚書》、《詩經》、《左傳》，都是長遠流傳、歷經多手的著作。《論語》紀錄了孔子的言行，孔子的人格在書中極為凸顯，但我們對具體記錄這些內容的人，還是所知甚少。就連《楚辭》，傳統上被當作是屈原所作，但細考史料，到底屈原和這批作品之間的關係是什麼，其實並不那麼確定。

對於《莊子》的作者，我們知道的也不多。傳統上認定他是宋國蒙縣人，宋國的地理位置在今天的河南商丘，這個保留到現代的名字告訴我們這個地方和商朝、商人關係密切。商丘旁邊不遠處，就是「殷墟」所在的安陽。這裡是殷商的核心地區，即使到了周代建立之後，仍然是殷遺民居住、活躍的地區。

周初大行封建時，將商人後裔封在宋，因此宋國的地位在歷史上十分特殊。一方面，出於對殷商舊朝的尊敬，周人給了宋很高的位階，所以後來春秋諸國相爭時，宋國一直都在列國政治中舉足輕重，宋襄公還一度當上了「霸主」。但另一方面，周人習慣用異樣眼光看待宋國，明顯意識到他們所承傳的殷商文化，和周文化有很大的差距。

春秋之後，幾乎成為列國常識的一種說法，是「宋人愚」，宋國人呆呆的，腦筋不好，會有跟別人很不一樣的想法。那個時代有很多笑話是以宋人當主角的，到現在還很有名的「守株待兔」故事，那個在樹下等兔子撞暈的，就是宋人。還有成語「曲突徙薪」的故事裡，那個笨笨地把柴薪就放在煙囪邊，卻又不聽人家勸告把煙囪弄彎、把柴薪搬開來預防火災的人，也是個宋人。成語「刻舟求劍」的故事裡，那個在河中央掉了劍，卻往船身上做記號準備回來找劍的人，也是個宋人。

西元六三八年的「泓水之戰」，宋弱楚強，宋襄公卻決定一戰，然後又不肯趁楚軍渡河時發動攻擊，堅持要等楚軍過了河，整裝列隊好了才開戰。結果當然導致宋師大敗，宋襄公自己也隨之失去了爭奪「霸主」的機會。宋襄公這種不察時局、不知變通的作法，在當時也是被視為符合「宋人愚」特質的。

宋人真的都那麼笨？與其說宋人笨，不如說他們看待世界、理解世界的方式，和記錄春秋戰國大小事的那些人，也就是和東周的主流文化觀念，有著很大的差距。不是宋人天生資質比較差，而是他們本來就不屬於東周的主流文化。他們所受到的文化影響，主要是來自東方，原本的殷商文化；以及來自南方，長江流域的不同傳統，我們可以將之通稱為「楚文化」。

從卜辭、青銅器看到的殷商文化，以及從《楚辭》看到的楚文化，有一個很容易辨識的交集之處，那就是對於鬼神世界的好奇、想像，對於人與鬼神交結互動的描述。從周人、周文化的角度看，這些都是「怪力亂神」，都是不應該、不值得相信的事。於是從周人、周文化的角度看，宋人最大的特色就在「輕信」，連虛無飄渺的鬼神之事都如此入迷相信，這種人能說他們不笨嗎？

但也許不是宋人特別笨，而是嫌他們笨的周人特別「鐵齒」？

從廣泛的人類先民文化上看，殷商與楚文化，屬於張光直先生[1]所說的「連續的世界觀」。意味著人和外在環境之間，沒有一道明確的斷裂區隔。世界萬物跟我沒有絕對的差別，這個可以變成那個，那個也可能變成這個。死亡不過就是連續現象當中的一個變化階段，因而當然沒有理由假設活人和死人被斷絕隔開來。在我們熟悉的環境，與我們去不了、感到陌生的環境之間，有著各式各樣的中介使者，或者促成變形的力量。

有神、有鬼、萬物有靈、物體可以互換互變，這種「連續的世界觀」普遍存在於全世界古代人類先民文化中。然而，在中國，「連續的世界觀」不是主流，被相對少見、特殊的「不連續的世界觀」給擠到邊緣邊陲去了。

「不連續的世界觀」把人和非人清清楚楚劃分開來。認定人的領域和非人的領域，存在著無法跨越的鴻溝。人不會變成非人，非人也不可能變成人。

人只能掌握，也只應該關切人的領域；對於在此之外的非人領域，則敬而遠之、存而不論。抱持「不連續的世界觀」的人，不相信鬼神會介入人事，不相信有管道可以貫通交流人與鬼神。就算鬼神真的存在，也只存在於他們自己的那個領域中，那個領域和人的領域之間，有著不透明、不能穿越的堅實壁壘。

以全世界已知的古史文化來看，「連續的世界觀」是多數、是一面倒的強勢主流；然而，在中國卻倒過來，「不連續的世界觀」很早就隨著周人的興起而建立，成為主流，排斥、貶抑「連續的世界觀」。

1 張光直（1931-2001），出生於北平，在臺灣完成中學及大學教育，爾後赴美深造。曾任教於耶魯及哈佛大學，在考古人類學及臺灣考古學領域有卓越成就，一九九四年回到臺灣擔任中央研究院副院長。

不過，強大的周文化畢竟仍然無法真正取消「連續的世界觀」。顯然，原本深信鬼神交流變異的殷商文化，在像宋國這樣的殷遺民區域持續發揮影響。還有，南方後起加入中原體系的楚文化，也帶來了周人無法徹底壓抑、取消的異文化成分。

周文化是個單面向的文化，將所有注意力都放在人世環境裡，殫精竭慮思考、安排平衡穩定的人際關係。《論語．先進篇》：「**季路問事鬼神。子曰：『未能事人，焉能事鬼？』曰：『敢問死。』曰：『未知生，焉知死？』**」孔子用來教訓子路的，就是典型的周文化立場。對於人的領域你都做好準備了嗎？如果還無法將人事都處理好，幹嘛去關心如何對待鬼神！人活著是怎麼回事，你都了解了嗎？活著都還了解不透徹，想死後的情況做什麼！

世界上絕大多數的古代文明、原始思想不是這樣。他們看待世界的方式是擴張的、多面向的。我們的生活之外圍繞著我們不熟悉、沒碰觸過的現象；我們的世界之外有許多其他世界並存並在。多面向、多層次地組構成立體的存在，熟悉的與陌生的、真實的與想像的、經驗的與傳說的，不斷錯雜混同，分不出彼此，也不必區分彼此。

莊周生活在西元前第四世紀，距離殷商滅亡，已經有六、七百年的時間。再往上推源商人興盛的時期，我們可以說，這套與周文化大異其趣的「連續性的世界觀」在宋國這一帶，已經流傳了一千多年。

有這樣的文化累積，才會有莊周選擇使用的寓言形式，也才會有莊周所要表達的特殊生命選擇。莊周的洞見與智慧，顯然和那樣一個連續性、多層次、擴張衍伸的世界觀，有著相當密切的關係。

《莊子》書中多次提到孔子、提到儒家，那是以殷商文化價值為基底的邊緣異文化，被壓抑、嘲笑數百年後，回頭對周文化主流的反撲批判。批判的角度很簡單：代表周文化的孔子、儒家汲汲營營於關切、奔走親族互動、人際禮儀，而莊周冷冷地在旁邊納悶、偷笑。天下那麼大，人的領域相對那麼小，把所有力量、時間全都投入在那麼小的一塊地方，忽略、遺忘了比這領域大數百倍、數千倍的其他空間，豈不愚蠢、豈不荒唐？

逃獄專家

傳統上將莊子和老子並列，稱為「老莊」。然而莊子和老子在思想的根基、關懷的方向、以及表達的形式上，其實都有很大的差異。並稱「老莊」，很容易讓我們理所當然以為「老」在「莊」前，先有老子思想，然後才有莊子，視「莊」為「老」的延伸、開展，因而使我們只看到老子和莊子類似的部分，忽略了他們之間明顯、巨大的差異。

藉由前面對於「連續性的世界觀」和「不連續的世界觀」的簡單討論，我們就可以循線查看，找出莊子和老子的差異。莊子所描述、所展現的，是一種不折不扣的「連續性的世界觀」，以這種非主流的世界觀來看待、評斷他所處的戰國亂世。相對地，老子仍然是站在周文化「不連續的世界觀」中，關心、留意如何處理人間關係，如何運用一種逆反的邏輯，在此世人間找到更好的安排。

雖然都談「道」，都以「道」來統稱整全的、神祕的原理原則；雖然都強調「自然」，主張人依循「自然」而生；但莊子的態度，是人要以「自然」為廣大的空間，擺脫人世狹小範圍的拘執，找到徜遊「自然」、依道而行的方式；老子關心的，卻是將「自然」的道理運用在人世裡，來處理人間關係，從而獲得更安穩、更有權力、更有把握的人世生活。

莊子從一開始就否定了人世的絕對性、獨特性，他採取清楚的「連續性的世界觀」，習慣於將現實人間事務放置到一個廣大的、「連續性的」架構中，像是從外太空看地球，還原地球為宇宙天體間的一顆水藍星球，與其他無數眾星並置，因而得到一種開闊的新感受、新智慧。

莊子來自於一個不一樣的文化傳統，殷商遺民的活動範圍又靠近仍然相信山鬼、水鬼、人神雜處的南方楚文化地區，所以他用「連續性的世界觀」對周文化提出了根本的質疑。

你們認為這些人世間的問題那麼重要、那麼困擾、那麼痛苦，然而我所看到的世界，比你們看到、你們理解的大得多、複雜得多、豐富得多，我怎麼可能認同你們的想法，關進你們那個狹窄的牢籠裡來感受、來思考呢？看到一群螞蟻為了自己的蟻窩而慌張忙碌，難道我就應該認同螞蟻，因而同樣地慌張忙碌？不，就算我想要，我也做不到，因為我不是螞蟻。我看到的、我理解的，比螞蟻大幾百倍、幾千倍，要如何把自己縮進螞蟻的眼光、螞蟻的計較中呢？

正因為源自於那樣的「連續性的世界觀」，莊子的質疑、批判，也就不採取抽象說理的形式。關鍵在於讓人能超越「非連續性的世界觀」產生的限制，看到人世之外更廣大的天地。那不是道理能做得到的，而是需要以現象的刺激去啟動人的身體感受。所以莊子的文章，描述現象多，直接說理少，而且往往都是洋洋灑灑鋪陳了廣袤、華麗的現象之後，才解釋道理。

老子不是這樣。老子的書中完全沒有現象，只有抽象道理。老子不曾顯現出對於人世以外「自然」世界任何的好奇，「自然」都被他化約為人世模仿、學習的對象，他有興趣的，不是「自然」本身，而是能夠從「自然」中抽取出來的道理。

莊子要用人間語言來說人間以外，平常不在一般人眼界與感受之內的現象，他清楚表現出這裡頭的矛盾困擾。他不斷追求、不斷開發這套帶有高度人世拘限的語言的可能性，去碰觸那碰觸不到的現象，去表達那無法在人世裡表達的衝擊震撼。莊子的語言，是開闊開拓的。

老子的語言卻是歸納、收縮的。乾淨、緊緻、簡約，通篇都是道理，沒有描述，也就一定不會有現象。與「道」與「自然」有關的現象，都先被濃縮、萃取成為道理了。

莊子要說語言描述不出來的廣大「自然」，老子要說語言無法準確掌握的「道」與「自然」的道理。莊子希望讓人看清楚自己原本所處的不過只是個螞蟻窩，從而能夠生出心胸與志趣，離開螞蟻窩，開放地體認螞蟻窩以外的世界。老子卻是整理了螞蟻窩以外廣大世界的道理，放回來教你如何處理螞蟻窩，在這個螞蟻窩裡變得更強、更好。莊子要帶人遨遊其外，老子則要教人應付其中。

這兩個人，在人格、體會、精神與用意上，如此不同！明明如此不同，傳統上卻一定要把「莊」和「老」放在一起，一方面反映了中國文化中不重視也不講究分析、鑑別的思考習慣，另一方面也充分反襯出莊子的高度異質性。光是閱讀《莊子》，如實地接觸、認識莊子，對長期浸淫在單一層次人世關懷的周文化中人來說，極其陌生、極其困難，必須把莊子和老子擺在一起，以老子的人間訊息作為引導、參考，他們才比較能夠接近、接受莊子。

如同《楚辭》一樣，《莊子》最有價值之處，是和周文化人間關懷大異其趣的部分，是那些進出人世以外其他領域的詭奇想像與描述。莊子要告訴中原傳統的那些人，除了他們所熟悉的周文化之外，還有廣大不同的其他認知與感受。

莊子當然反對孔子、嘲笑孔子。面對亂世，孔子的基本態度是「克己復禮」，每個人自我節制，重新認識周初所建立的封建禮儀，發自內心─而非表面敷衍應付─遵守這套既有的行為規範，那就能達到「天下歸仁焉」，讓天下恢復安穩太平的效果。莊子卻從來就不在這個「周文秩序」中，他視原始的「周文秩序」為枷鎖、為牢籠，既然亂世已動搖了舊封建架構，那麼人就應該趕緊藉機找到空隙，從搖搖欲墜的監獄裡逃出去，怎麼反而要綁束對海闊天空的嚮往，回頭自願修補枷鎖、牢籠呢？

莊子不談如何應付人世，不教人如何處理人世，而是示範用什麼方式將人世放到對的位置上，看出其相對的渺小與無妄。莊子要我們打開眼睛，真正看到、衷心相信：人世並不值得我們投注那麼大的心力，更不必說耗用全幅時間去關切、去應付。

老子其實沒那麼老

傳統上不只是將莊子和老子並列，而且一定是「老莊」，「老」在「莊」前，認定老子的時代早於莊子，老子的思想先於莊子出現。

他們認為，既然《莊子》書中出現過「老聃」這個人，就能證明莊子後於老子。但這條簡單、明白的證據有一個嚴重的問題，那就是無法確認《老子》[2]一書出於「老聃」之手，也無法用關於「老聃」的歷史資料來斷定《老子》的成書年代。

錢穆先生曾仔細研究過「老」、「莊」年代的問題，多方比對史料，得出了「莊在老前」的結論。依照《老子》書中出現的字詞，加上《老子》的文句風格，我們可以很確定地主張：《老子》一書絕對不可能成於孔子的時代，更不可能早於孔子。而且最合理的斷代方式，應該是將《老子》放在戰國後期，大約和《荀子》同一時期，比《韓非子》稍早些。遵循這樣的研究論證結果，那麼《老子》成書的時間，顯然晚於《莊子．內篇》。也就是說，《老子》思想是在《莊子》的核心內容完成之後才出現的。

讀過錢先生四篇關於《老子》成書年代的討論，我個人的看法、個人的態度，覺得那應該算是「鐵證如山」了。要繼續主張《老子》成書時間早於西元第四世紀之前，是經不起戰國史料考驗的。

對於古代中文的直覺語感，就會讓我們清楚感受到《老子》的語言，和

2 《老子》一書有時也稱為《道德經》、《老子道德經》。

《論語》、《左傳》有極大差別。這樣的語言不可能產生於傳統上主張的「老聃」的年代。再進一步檢索戰國時期中國古文風格的遞變，也就必然顯現：《老子》的言談方式，已經離開了戰國前期最興盛的雄辯風格，進入到接近《荀子》、《韓非子》那樣直白的道理表述形式。

《孟子》和《莊子》書中，同樣多次提到梁惠王、提到名家、提到惠施，那是它們共同的時代主題、時代印記。再看這兩本書，儘管表達的思想差別那麼大，基本出發點相去那麼遠，卻有著類似的豪放、開闊、恣意辯談的風格。

相對地，比較《孟子》和《老子》，或者比較《莊子》和《老子》，卻很難給我們這種書寫風格上似曾相識的感覺。反而是把《荀子》、《韓非子》跟《老子》擺在一起，比較容易遇到類似的文句、類似的表達方式。

《老子》與《孟子》之間的風格差異，絕對大於《老子》和《荀子》、或《老子》和《韓非子》之間。

將《莊子》放回到《老子》時代之前，我們就能將歷史沿革發展看得更明白些。

從春秋延續到戰國的亂世境況，使得佔據主流的周人封建文化，受到了愈來愈強的質疑與挑戰。這樣的過程中，原本邊陲地帶的勢力，取得了愈來愈大的自信，向中心進攻。楚、吳、越、秦先後崛起，帶來的不只是軍事影響，還有思想與文化上的刺激。主流文化鬆動之際，異質的楚文化、沉伏數百年的殷商文化，都在這個時期得到了冒出頭來的機會。

春秋末年、戰國初年，是問題意識最強烈、尋找答案的衝動也最強烈的時代。其中的一項表現，是「思考」與「表達」趨向高度多元化；反覆析辯取代了直白陳述，成了那個時代最受歡迎的語言與文字形式。另一項表現，則是許多非周人文化的元素，紛紛進入到這個巨大且熱鬧的爭議場域中，自成家派、受到重視。

不過，多元擺盪的思想爭議，非但無助於給人心帶來安定，反而更加深了疑沮不安。戰爭、混亂、恐懼、懷疑，一路從西元前第六世紀延續到西元前第三世紀，漫長的三百年之後，最後大家只剩下共同的想望——和平、休息、正常生活、明確的答案。於是到了西元前第四世紀末，也就是孟子和莊子的時代之後，「百家爭鳴」開始朝收束、統一的方向發展。

周文化在春秋、戰國時期的另一項關鍵變化，在於孔子開創的「儒家」。孔子所做的，其實就是將原本依附在封建制度上，為了維持封建運作而設計的一套禮儀，予以原則化、普遍化，讓禮儀離開形式，取得了精神上的意義。

於是「王官學」的內容就脫胎換骨成了「諸子學」中的一支，用這種方式保存了周文化，沒有隨周人政治勢力的傾頹而消失、滅絕。

兩項條件相配合下，在戰國後期的思想潮流中，周人舊有的世界觀被維繫住了，並沒有被像《楚辭》或《莊子》所代表的那種異質文化給取代。《老子》在戰國後期出現，其思想一邊和《莊子》有密切關係，吸取了「自然」作為統納天地的原則，整理出無可名狀的總和源頭——「道」；但另一邊，《老子》的思想應和了戰國後期的潮流，將「道」與「自然」帶回人世，改寫成運用在人世的一種智慧。還有，同樣是應和戰國後期的潮流，《老子》的文字，也是收束、權威、接近祈使句式的，大大不同於正處於「百家爭鳴」高峰期的那種開放、雄辯風格。

《老子道德經》的作者，絕不可能是孔子曾經拜見、《莊子》書中提到過的「老聃」。真正的作者或許是史籍紀錄上多次出現過的「李耳」。他的出身地域和莊子相近，很可能熟悉《莊子》的內容，將《莊子》及類似的「道」與「自然」思想中，可以對處世經驗有所啟發、指引的部分，做了整理、發揮，而寫成了《道德經》。

老子將原本來自於異文化的奇特怪誕內容，大幅加以馴化，將反映出「連續性的世界觀」的思想，嫁接回周文化的「非連續性的世界觀」中，形成了一種新的人生觀。尤其是其中的權力哲學方面，在戰國後期的環境中，顯然比《莊子》來得「有用」，因此快速脫穎而出。

誤讀兩千年

《漢書．藝文志》中登錄的《莊子》書，一共有五十二篇。從漢到晉，一般認定這五十二篇的分布，是「內篇」七篇，「外篇」二十八篇，「雜篇」十四篇，再加上明顯是後人附加上去的三篇「解說」和三篇字音解釋。

晉代郭象重新校訂後，只留下三十三篇，「內篇」七篇，「外篇」十五篇，「雜篇」十一篇，這個版本就此一路流傳至今。

《莊子》書很早就分「內」、「外」、「雜」篇，顯示編輯者清楚意識到這些內容並非出自同一個作者的手筆。也顯示去莊子時代不遠，莊子思想就有了重大的分歧流衍。

郭象將傳統版本中的「內篇」七篇全數保留，表示他認為這七篇最接近莊子的原始思想，很有可能是真正由莊周這位單一作者所撰寫的。「外篇」的風格和「內篇」沒有太大的差距，而且部分篇章或段落直接聯繫「內篇」的想法或論辯，不過「外篇」的內容比「內篇」要來得蕪雜，裡頭有更多的故事與寓言，看來有可能仍然是莊周所撰，或是和他時代相近的弟子所寫的。

「雜篇」中有幾篇，看來和「外篇」很像，另外有幾篇──如〈說劍篇〉──則明顯離開了莊子原本的思想脈絡，純粹只是淋漓發揮的寓言。另外還有〈天下篇〉，這篇以「道」的基本立場，對於諸子家派做出精采的分析整理，那一定是戰國後期，甚至漢初才完成的文本。

如果想要對「內篇」、「外篇」、「雜篇」三部分都有所接觸、感受，可以考慮從「內篇」中選取〈逍遙遊〉、〈齊物論〉和〈養生主〉，從「外篇」中選取〈秋水〉，和從「雜篇」中選取〈說劍〉，作為初步的閱讀範圍。

今天閱讀《莊子》，最好將幾件事放在心上，隨時提醒自己。第一件事，記得秦始皇統一六國之後推行的「書同文」政策。春秋、戰國時期各國快速崛起發展，造成了中文的分歧化。在此之前，文字掌控在極少數得以接受「王官學」教育的貴族手中，不容易變化，也就相對穩定。春秋以降，透過像孔子這種老師「有教無類」的努力，擴張了識字的社會層面，也使得文字運用的範圍大為擴張，慢慢地開始出現了具有地域風格的寫法和用法。三、四百年演化後，到了西元前第三世紀末，已經到了快要失控的程度了，因而秦始皇才會在統一後，立即重點推動「書同文」，以一套固定的小篆為標準，取消其他不符合這套標準的地方性差異。

像《楚辭》、《莊子》這種來自於南方非正統周文化區域的戰國文本，成書時都運用了許多地方性文字、地方性寫法。因而在「書同文」政策下，要以統一的小篆重新傳抄，難免會有部分失真的問題。有些南方的特殊用字，或特殊語詞，可能就在傳抄過程中消失了，造成我們後世理解上的困難。與《論語》和《孟子》比較起來，《楚辭》、《莊子》要難讀、難解得多，一部份的原因，就來自「書同文」後的統一傳抄差異。

第二件事，《楚辭》、《莊子》傳承的南方文化，在歷史上一直屬於邊緣，他們的許多特質，和來自主流周文化的人本、專注人世的價值觀格格不入，因而秦漢以下對於《楚辭》、《莊子》的解讀，難免會站在那樣的人本傳統上，扭曲了來自南方神鬼異想的意義。這是源於思想模式所造成的落差。

秦漢時期，《莊子》書不受重視，也沒有什麼影響。幾百年間，「道家」的主體是「黃老」，而不是「老莊」，漢代沒有人說「老莊」的。要等到魏晉時期，「老莊」並列之說才取代了「黃老」，成為流行用語。

錢穆在《莊子纂箋》書中說：「**《莊子》，衰世之書也。故治『莊』而著者，亦莫不在衰世。魏晉之阮籍、向、郭，晚明之焦弱侯、方藥地，乃及船山父子皆是。**」為什麼《莊子》都在「衰世」流行？其中一個重要的理由，是「衰世」意味著主流的人世中心價值瓦解崩落了，人們才有辦法真正欣賞、理解《莊子》那種不以人世為範限的思想內容，才能不以主流的人世中心價值曲解《莊子》，才能對詮釋、發揮《莊子》做出有意義的貢獻來。

因而讀《莊子》，「盛世」的詮釋遠遠不如「衰世」的詮釋來得貼切、精彩。

第三件事，請記得莊子和孟子、惠施、公孫龍子，乃至於蘇秦、張儀等人，屬於同樣的戰國時潮中。紀錄戰國歷史最有名的書籍《戰國策》，是以記錄「縱橫家」言行為主的。「縱橫家」的言辯能力確實是戰國最大的特色，但是言辯的風氣、言辯的本事，不只存在於「縱橫家」身上，而是當時所有思想的基本表達方式。往復問答、質疑挑戰、迂曲論證、多方取譬，這些雄辯技法感染影響了所有的言談。

雄辯背後，是強烈的懷疑態度。舊價值收束不住，新價值無法誕生，大家對什麼都沒有堅實的把握與信心，於是多疑、猶豫、不隨意輕信，就成了那個時代的普遍態度。人們不可能再單純地接受簡單的格言，發言者不會預期自己說的話能被聽者立即吸收接受，他知道大部分聽者聽到任何說法時的固定反應必定是：「真的嗎？是這樣嗎？為什麼如此？」於是他自然就會想像、設計解開這些懷疑的方法，否則他要說的事情就沒有辦法有效地進入聽者心中。

從春秋時期的「墨家」開創「墨辯」傳統，進入戰國一脈相承開展為「名家」，對於如何表達、如何說服、如何戰勝論敵，有了愈來愈精巧的討論、設計。莊子的好友惠施，正是這個傳統中的一員傑出大將。《莊子》書中許多重要觀念，是以惠施與莊子的辯難對話來呈現的，如果莊子不在這套雄辯風格中，對這些雄辯技法有充分掌握，是不可能寫下如此內容的。

莊子將無涯涘的想像力加入這個已燦然發展的雄辯風格中，因而在思想成就之外，同時完成了獨一無二的文學傑作。

這三件事，也就是使得傳統上對於《莊子》的解釋，往往無法令人放心之處。

秦漢以降，南方文化曾經在東周產生的刺激，基本上被忽略、被遺忘了。南方特色的文字、語詞在傳抄中要麼被錯誤地代換了，要麼被通俗化而失去原有的濃烈意味，要麼隨時間流逝而變得徹底不可解。

更嚴重的是，人文中心主義的價值，傾向於將莊子那種擴張性、打破人間限制的主張，拉回到人世現實裡來解釋。愈是原汁原味的莊子本義，就愈是容易被解得支離破碎，面目全非。

孟子、莊子的時代過去後，很快地戰國思潮有了一波關鍵變化。動盪不居的雄辯被更固定、更嚴整的說理風格取代了。辯談原本的說話性質，被更形式化、節奏較慢的書寫性質取代了。我們很容易可以從《孟子》和《荀子》間的差異，或《莊子》和《老子》間的差異，體會到這層變化。孟子、莊子的道理，是用說的、用辯的；沒有多久之後，荀子、老子的道理，就變成是用寫的、用鋪陳的了。

雄辯時代一去不復返。後來的中國傳統中，雄辯風格基本上消失，至少從未被認真地建立為一門特殊知識或價值，因而也就很難對《莊子》的雄辯有正面、肯定的凸顯、發揮。

在後來的中國傳統中，和雄辯風格一起消失的，還有從「墨辯」到「名家」的邏輯研究與論理習慣。秦漢以降，不只形式的邏輯分析在中國沒有進一步發展，甚至出現了對於邏輯分析明顯的漠視、乃至敵視的傾向。儘管在中古時期，受到印度佛教「因明學」的啟發、刺激，使邏輯分析的地位稍有提高，但到了中唐之後，「復古運動」興盛，就又把這種思考模式給打壓了下去。

對於雄辯風格甚為陌生，又缺乏邏輯分析的訓練，導致對於部分《莊子》篇章——例如〈齊物論〉——簡直無從入手，即使勉強得出一些解釋，也經常內在互相矛盾，無法彰示莊子的核心理念。

從清中葉到民國初年，考據學大盛，對於《莊子》的文句進行了精巧的考索，幫我們解決了一大部分字詞上的錯亂困擾，然而不熟悉莊子的外擴思想模式、無法深入欣賞戰國雄辯文風，以及缺乏嚴謹邏輯分析概念的問題，仍舊存在於大多數《莊子》解讀中，最好還是不要輕易跟隨、接受。

今天讀《莊子》，我們沒有道理放棄自己身上其實比傳統更有利於接近莊子思想的條件。我們能透過歷史研究，透過同時代其他文本，還原莊子所屬的雄辯潮流。我們還能藉助於現代高度發達的理則邏輯方法，擺脫中國傳統鬆散的印象式思考習慣，來整理、復原《莊子》書中前後文之間的關係。

第二章　從相對開始

可悲的滿足

《莊子・內篇》第一篇〈逍遙遊〉，立即鮮活地展示了不受現實人世拘限的視野。人之外，有太大的空間；現實之外，有更大可供我們的意識、想像遙遊的領域。那個空間、那個領域，有多少雄偉、詭奇、華麗的現象存在！有多少不可思議的事正在發生！

「**北冥有魚，其名為鯤。**」在北方，最龐闊的海域中，有一條叫做「鯤」的魚。然後展開了莊子式的誇大描述——「**鯤之大，不知其幾千里也，化而為鳥，其名為鵬。**」第一項誇大，是形容這條魚之大，有幾千里那麼長，而且「幾千里」還只是我們用自己的人間尺度勉強臆測之詞，鯤的真實規模，大到我們其實沒有能力測度。「不知」二字，直接且充分傳達了人的渺小與不足。對於莊子要說的道理、要描述的事物，一般人世的感官配備是遠遠不夠的。我們要有超越人世感官與理解的準備，才有辦法接觸那些道理與事物。這讓我們想起《楚辭．天問》，為什麼會有那麼多問題？為什麼要羅列出那麼多問題，卻沒有提供答案？因為那些問題沒有答案，是我們疑惑、卻「不知」的。對「不知」的好奇，著迷於自己的「不知」，明知得不到答案，卻還是要不斷地問、不斷地問，像孩子般的態度，那正是《楚辭》與《莊子》清楚異於周文化的另類精神意趣。

說完「鯤之大」，然後立刻又有第二項誇大：這條魚可以變形，從魚變成了叫做「鵬」的鳥。「化」是《莊子》書中一個常見的關鍵字。莊子要帶我們進入的那個世界，不只廣大，在已知之外包圍了無窮的未知；而且這個世界從來不停留，你不能假定現在看到的，就是其狀態、面貌，下一刻、甚至下一瞬間，此物便「化」為彼物，始終變動不居，充滿了我們無法掌握的變化可能性。

「**鵬之背，不知其幾千里也。怒而飛，其翼若垂天之雲。**」「鯤」那麼大，化成了「鵬」，「鵬」也同樣有「不知幾千里」的超越尺寸。接著，又來了一項不可預期、不可控制的變化：「鵬」由靜態的存在，一瞬間轉成了動態的存在。「怒」形容其突然奮起的模樣，揮動著那碩大的翅膀，翅膀大到遠遠看去像是飄垂在天空的雲一般。

「**是鳥也，海運，則將徙於南冥。**」本來住在北海的龐然巨物，當海上的大風吹來時，牠就將遷移到南海去了。「**南冥者，天池也。**」「天」，是和「人」相對的，沒有經過人工改造的，或無法由人力予以改變的，叫做

「天」。自然與人為的對照，甚至對立，從莊子到老子，一貫都是道家的核心觀念。「天池」，是純粹自然的水域，才能容納「鵬」。由「鯤」而「鵬」，這遠超過人類理解範圍之外的龐然大物，只能從自然的北方大水域，藉由自然的力量—巨大的海風吹來—而移徙到同樣自然的南方大水域去。

「**《齊諧》者，志怪者也。**」莊子接著引述了一本叫《齊諧》的書。書名顯示這本書的來歷應該和「齊」有關。「齊」雖然後來是姜尚（太公）的封地，但其地在最東方的海邊，和周人源自西方高原的傳統，大不相同。到東周時，齊國齊人給人留下最深刻印象的，第一是他們愛打獵，崇尚武勇精神，這是齊桓公賴以成為第一個「霸主」的基礎。第二是他們迷信，對稀奇古怪的事物抱持高度的興趣。後來秦皇、漢武追求長生不老，接觸的很多都是東方齊地一帶的方士，進而派人到海上尋找蓬萊仙山，說明了這項特色之淵遠流長。

《齊諧》這本書，專門記錄稀奇古怪的事情。在這本書中，有對於鵬鳥南飛的精采描述。「**《諧》之言曰：『鵬之徙於南冥也，水擊三千里，摶扶搖而上者九萬里，去以六月息者也。』**」鵬鳥要遷到南方去時，鼓動起牠的巨翅，拍擊在水面，把水都向上激揚了有三千里那麼高，用這種方式讓自己平飛起來，然後再依隨著風，旋轉而上，愈飛愈高，一直到九萬里的高空上。而鵬之所以能如此高飛遷徙，憑藉的就是六月的「息」。

以這樣的龐然巨怪開場，聯繫到「息」。能夠把大鵬鳥撐起來，將牠一路送上九萬里高空的，是什麼？是看不見、摸不著的「息」。《齊諧》所志之怪，除了鵬鳥起飛時的壯觀景象外，顯然還有「去以六月息者也」這件事。為什麼「息」能夠有如此不可思議的力量呢？

於是，莊子接著討論、解釋「息」之為物。「**野馬也，塵埃也，生物以息相吹也。**」熱天看著地面，會發現眼前的景物有著細微的折射扭曲，那樣的「遊氣」，就叫「野馬」。還有，空中會有塵埃飄浮著，尤其是陽光照射下，特別清楚顯現微小物體的運動，那都是「息」的作用，來自於生物氣息彼此更相吹動的效果。

「**天之蒼蒼，其正色邪？其遠而無所至極邪？其視下也，亦若是而已矣。**」大鵬鳥藉由「息」的作用高飛到九萬里的天上，牠在那裡看到的天，和我們看到的天，同樣是青色的嗎？青色就是天的本來顏色嗎？還是因為我們距離天太遠了，所以才將天看成是青色的呢？飛到九萬里之上，大鵬鳥就能夠發現天的極限？還是天根本沒有邊界、極限呢？大鵬鳥從那麼高的地方往下看，也和我們往上看一樣吧！牠看到的遼遠低處，也會因為距離而顯示為青色的，也會感覺上好像「無所至極」一樣。我們不知道天上有什麼，只能看到一片青色，就以為那是天的真相實況——「正色」，會不會大鵬鳥在九萬里之外看地面，因為距離的作用，讓牠也看不到地上任何東西，只看到一片無窮無盡的青色？

這裡，莊子發出了他的「天問」，對於人無從去到的高處，表現了無法抑制的好奇；同時他離開了原先的描述者角色，試圖想像自己為那高飛的大鵬鳥，探究牠所看到、所經歷的。

「**且夫水之積也不厚，則負大舟也無力。覆杯水於坳堂之上，則芥為之舟；置杯焉，則膠，水淺而舟大也。**」我們看水的現象，如果水不夠深，那就無法浮起大船。將一杯水倒在屋角比較低窪的地方，積水足以浮起一根小野草，讓野草如同船一般漂著。但要是把杯子放到那灘積水上，就卡住擱淺，浮不起來了。杯子會膠著在地上浮不起來，就是因為船太大而水太淺的關係。

「**風之積也不厚，則其負大翼也無力。故九萬里，則風斯在下矣。**」同樣的道理，要有夠厚的風才有辦法將大鵬鳥的巨翼撐起來。風不夠厚，就乘載不了巨型翅膀。所以為什麼大鵬鳥飛到九萬里高的天上去？因為牠太大了，大到需要九萬里厚的風才能把牠浮起來。

「**而後乃今培風，背負青天而莫之夭閼者，而後乃今圖南。**」這裡連續兩個「而後乃今」，說明大鵬鳥高飛的條件。有了夠厚的風在底下，牠乘在風上，好像揹著青天般，面前沒有任何阻擾，如此才能往南方去。

大鵬鳥因其大，就必須要有厚氣為其條件，牠才能飛得起來。

「**蜩與學鳩笑之曰：『我決起而飛，槍榆枋，時則不至，而控於**

地而已矣，奚以之九萬里而南為！』」「蜩」是樹上的蟬，「學鳩」是小鳥，它們從自己的立場，嘲笑大鵬鳥說：「我高興飛就隨時就飛，朝附近的突出（槍）的樹枝飛去，有時候飛不到，也不過就是掉回地上罷了。幹嘛那麼麻煩需要高飛到九萬里上到南邊去！」蟬和小鳥覺得飛行是件很容易的事，哪需要像大鵬鳥那樣要等「六月之息」，還得升上九萬里，然後大老遠飛往南方去。

「**適莽蒼者，三飡而反，腹猶果然；適百里者，宿舂糧；適千里者，三月聚糧。**」去附近郊外時，只要帶著正常的三餐，回到家時肚子就都還飽飽的，不會覺得餓。但是要去到百里遠的人，前一天就得「舂糧」，將穀物舂成類似麻糬的形式，方便攜帶。更不要說那種要去千里遠的人，出發前或許得要花三個月時間來收集路上需要的食糧。不同的距離，就得要有不同的配備。

「**之二蟲又何知！小知不及大知，小年不及大年。**」這兩隻小動物，牠們知道什麼！不同尺度有不同觀點，需要不同的條件。然而小尺度的，很難了解大尺度，這中間有著難以跨越的障礙。我們經常用自己的規模尺度來揣度其他生物之存在，就像「之二蟲」看待、嘲笑大鵬鳥一樣。

「**奚以知其然也？朝菌不知晦朔，蟪蛄不知春秋，此小年也。**」怎麼會知道小的不能理解大的呢？朽木上長的蕈菇，早上長出，晚上就萎落了，它當然不可能知道月圓月缺的變化。只能活一個季節，要麼春生夏死，要麼夏生秋死的「寒蟬」，怎麼能明白一年的四季變化呢？這就是「小年」，生存時間太短帶來的限制。

「**楚之南有冥靈者，以五百歲為春，五百歲為秋；上古有大椿者，**

以八千歲為春，八千歲為秋。而彭祖乃今以久特聞，眾人匹之，不亦悲哉！」看看「大年」吧！比楚更南邊的地方生長著海龜，牠們的一年等於我們的一千年。上古時期有大樹，它們的一年等於我們的一萬六千年。今天講到長壽，人們都舉彭祖來比，認為彭祖以活得久而特別有名，然而和冥靈、大椿相較，彭祖實在短命得可悲啊！

莊子先以「朝菌」、「蟪蛄」來說明「小年」，轉而講述「大年」時，順便也就刺激了我們：人活著，其實也沒有比「朝菌」、「蟪蛄」好到哪裡去，同樣也是「小年」，同樣也因為自己的人壽限制，而無法真正碰觸到「大年」啊！

想清楚自己要什麼

接下來這段，將「鯤」與「鵬」的故事再說了一次，不過這次給故事一個顯耀的權威來源。這個權威，選的不是別人，是建立商朝的「湯」。

「**湯之問棘也是已。窮髮之北，有冥海者，天池也。有魚焉，其廣數千里，未有知其修者，其名為鯤。**」記錄上，商湯曾經問過有知識有智慧的賢臣「棘」這件事。「窮髮」意思就是「不毛」，在最北邊草木的地方，有一片純粹天然的水域，神祕非人間（冥）的大海。海中有魚，寬幾千里，而且從來沒有人知道它到底有多長（「修」就是「長」）。這魚的名字叫做「鯤」。

「有鳥焉，其名為鵬，背若泰山，翼若垂天之雲，摶扶搖羊角而上者九萬里，絕雲氣，負青天，然後圖南，且適南冥也。」這裡沒有說大魚「鯤」變身化為大鳥「鵬」，而是直接並列說北冥還有叫做「鵬」的大鳥。這鳥有多大呢？牠的背就像泰山那麼高那麼大，牠的翅膀像是從天上垂下來的雲，憑藉著漩渦般的風旋轉盤飛（「羊角」，形容旋風盤捲的樣子，像羊頭上的角），到九萬里的高空上。那是雲氣都到達不了的高空，其身影的背景只有青天，看起來好像大鳥揹著天在飛行一般。這樣牠出發往南，要到南方的天然、神祕水域去。

「斥鴳笑之曰：『彼且奚適也？我騰躍而上，不過數仞而下，翱翔蓬蒿之間，此亦飛之至也。而彼且奚適也？』此小大之辯也。」小鳥斥鴳嘲笑大鵬鳥：「牠要去哪裡啊？我一跳飛躍上去，飛了幾公尺就下來，在叢草之間飛來飛去，這樣也是飛了，飛不過就是那麼回事，而牠到底要去哪裡？」重複兩次「彼且奚適也？」凸顯了斥鴳無法了解大鵬鳥在做什麼，卻又採取了一種輕蔑的態度。這不正是我們對待自己無法了解的事物時，經常會有的一種反應嗎？

這就是「小大之辯」，用今天的語言，我們可以說，這就是跨越不同尺度規模的「不可共量性」，尤其是「小」者無法接近、探入「大」者的尺度規模問題。

「**故夫知效一官，行比一鄉，德合一君，而徵一國者，其自視也，亦若此矣。**」所以那種有足夠智慧能擔任一項官職，行為能在一鄉間獲得稱許，也得到一位君王的賞識，能在這國揚名立萬的人，他們看待自己的態度，也就和斥鴳一樣吧！莊子將前面誇大的描述轉來看待人間，但他的重點就不在如何將「小大之辯」運用在人間事務，而是藉由「小大之辯」反映人世觀念的侷限、乃至於荒謬。

「**而宋榮子猶然笑之。**」我們宋國稍有一點見識的「宋榮子」，都知道這樣的事是荒唐的。「宋榮子」就是「宋⊠」，時代早於莊子，《荀子》書中有「**宋子見侮不辱**」，《韓非子》則說「**宋榮子義設不鬬**」。《莊子‧天下》也有對宋⊠的評論：「**不累於俗，不飾於物，不苟於人，不忮於眾，願天下之安寧，以活民命，人我之養，畢足而止，以此白心；古代道術有在於是者，宋鈃、尹文聞其風而說之。**」綜合來看：宋榮子的基本主張，是不在意外界的看法，求自我內在的安穩安定，如此自然不會想與人爭鬥，好好活著更重要。因而說，宋榮子就已經鄙棄對於世俗地位、名聲的斤斤計較了。

從宋榮子的主張而接著說：「**且舉世而譽之而不加勸，舉世而非之而不加沮，定乎內外之分，辯乎榮辱之竟，斯已矣。**」高一點、有智慧一點的人，即使全天下的人都稱讚他，他也不會因此而受到鼓勵；全天下的人都反對他，他也不會因此而感到沮喪退卻。他很確定什麼是「內」，什麼是「外」，自我內在比外面的毀譽重要得多，不會有所混淆；也很清楚榮辱毀譽的根本究竟，不會隨便動搖。這樣的人，比起前面的那種，當然好多了。

但還不是最好的。「**彼其於世，未數數然也。雖然，猶有未樹也。夫列子御風而行，泠然善也，旬有五日而後反。**」這種人在世間不會汲汲營營，小裡小氣地忙於算計。不過，但還不夠，他仍然有所依賴，無法像樹一般獨立自主。從尺度規模上看，還有更高更大，像列子那一層的。列子可以乘風飛翔，身體輕妙（泠然）美好，乘風飛翔一去十五天才回來。他對於世間生活條件的要求更少了，也就比前面那種「辯乎榮辱之竟」的人更自在更獨立了。

但這也還不是最好的。「**彼於致福者，未數數然也。此雖免於行，猶有所待者也。若夫乘天地之正，而御六氣之辯，以遊無窮者，彼且惡乎待哉！**」列子這一層次的人，不再在意追求人間的好處，這是他的長處。他已經不在人世環境裡了，和人世保持若即若離的關係，隨時可以乘風而飛，一去許久再回來。他不再受到地面條件限制而需要辛苦走路，但他仍然受到天上條件的限制，必須等到風來了，藉著風的力量才能「御風而行」。

還有更厲害的。這種人不必等風來，他們依照天地的基本道理，能夠隨心分辨並駕馭陰、陽、風、雨、晦、明，或東、西、南、北、上、下「六氣」，不受任何限制地優遊，完全不需任何外在條件配合，也就不會有被動等待、配合的需要了！

「**故曰：『至人無己，神人無功，聖人無名。』**」這種人是「至人」、是「神人」、是「聖人」，無所求也無所依賴。沒有了自我，不受身體條件的牽制，所以能成「至人」。不需努力不求功勞，卻就能創造事物，所以是「神人」。成就了眾人，但不會有任何名聲肯定，才是真正的「聖人」。

有「知效一官」那種等級的人，有「辯乎榮辱之竟」那種等級的人，有「御風而行，泠然善也」那種等級的人，最上面還有「至人、神人、聖人」那種等級的人。這就是「小知」與「大知」之辨，較低等級的「小知」之人，無法理解尺度規模更大的「大知」之人。

接著，莊子就以「堯」和「許由」為例證進一步說明。堯是東周主流文化公認地位最高、成就最大的聖君，不在這個主流文化傳統中的莊子，就特別要拿他來顯現主流文化的不足。

「**堯讓天下於許由，曰：『日月出矣，而爝火不息，其於光也，不亦難乎！時雨降矣，而猶浸灌，其於澤也，不亦勞乎！夫子立而天下治，而我猶尸之，吾自視缺然，請致天下。』**」

堯要將治理天下的帝位讓給許由，因為覺得許由比自己更厲害、更有資格。堯對許由說：「有太陽、月亮的照射，人造的一點點火，相較之下，其能照亮的效果實在很可笑、很尷尬。天上下雨了，還用溝渠的水灌溉田地，相較之下，那樣潤澤田地的效果實在很可笑、很尷尬。像你這麼厲害的人，光只是活著就能讓天下安定，我卻還占據著這個位子，豈不同樣可笑、尷尬？我自認為能力不足，所以恭敬地將天下交給你。」我們今天拜祖先，用的是「神主牌」，對著牌位拜拜，古代沒有「神主牌」，是選一個特別的人，來代替、代表受祭的祖先，那叫「尸」。

「**許由曰：『子治天下，天下既已治也。而我猶代子，吾將為名乎？名者，實之賓也，吾將為賓乎？……』**」對於堯要讓天下的提議，許由的回答是：「你掌管天下，已經掌管得很好了，我代替你治理天下，不會有不一樣的結果，我為何要做這樣的事？難道只是為了得到治理天下的名聲嗎？事實是主，名聲只是客，難道我要去放棄自我自主，去當一個沒有自主性的客嗎？」

堯的立場是將治天下看得極其重要，因而要找一個比自己更厲害的人來承擔。然而從許由更高一層的「大知」看來，治天下哪有那麼重要、哪有那麼難！堯的能力就已經足以把天下治理好了，把天下交給許由，不會有不同的結果。如此，堯真正能交給許由的，不過就是治天下、居帝位的名聲罷了。小尺度、小規模的人會將這種名聲看得很重要，但對許由來說，名聲非但不值得「數數然」追求，而且還是剝奪了人的自主獨立的牽絆啊！

「『鷦鷯巢於深林，不過一枝；偃鼠飲河，不過滿腹。歸休乎君！予無所用天下為。庖人雖不治庖，尸祝不越樽俎而代之矣。』」許由繼續說：「鷦鷯這種雀鳥在長滿了樹的林間深處築巢，周圍可能有上億根樹枝，然而牠畢竟只能從中選擇一枝，那麼多樹枝，對牠有什麼意義呢？鼴鼠到河邊喝水，河裡有多少水啊！但牠頂多就喝到把肚子都灌滿了，那麼多水，對牠又有什麼意義呢？你回去吧！天下對我也沒有意義，不是我所需要、更不會是我所選擇的。就算廚師不想做菜，負責代表神明參加祭典的人，也不會因此就代替廚師去將酒杯和刀俎接過來處理。」

主體在是否找到那根樹枝來築巢，不必去計較、張揚我築巢的地方是個大樹林，有幾萬棵樹。幾萬棵樹是外在的，和我沒有直接關係。同樣的，能夠有水解渴，對一隻小小的鼴鼠而言，從水溝裡喝水或從黃河裡喝水，有差別嗎？

重點在於自己是誰，自己要什麼，而不是外在環境可以給你什麼。不是你要的，再多再好都沒有意義，反而會成為累贅。就算堯不想治理天下了，也不該換成許由來接任。別人覺得帝位很重要、很了不起，但許由知道那不是他要的，他就不要。這就是「定乎內外之分，辯乎榮辱之竟」的具體表現。

神人當然不近人情

主流文化中的至高典範，在莊子眼中，不過是「小知」，而且還是最低層次的「小知」，比不上許由，更比不上比許由尺度規模更大的人。

所以莊子接下來要談「神人」。「**肩吾問於連叔曰：『吾聞言於接輿，大而無當，往而不反。吾驚怖其言，猶河漢而無極也。大有逕庭，不近人情焉。』**」「肩吾」、「連叔」都只是莊子用來傳遞對話訊息的假借人物，不必追究。「接輿」是春秋時楚地的一名「狂人」，以蔑視世俗、抱持和別人不一樣的價值觀念而聞名。肩吾問連叔：「我聽接輿說話，誇張得沒有任何節制（「當」，界限、節制），推到極端都不會收斂。我聽了覺得很驚訝也很害怕，彷彿像是面對天上銀河浩浩沒有終極的那種感覺。和我所了解的世界、道理隔絕不通，聽起來不像是來自於真實人間的語言。」

「連叔曰：『其言謂何哉？』」連叔就問：「他都說些什麼，為什麼會給你這樣的感覺？」「曰：『藐姑射之山，有神人居焉，肌膚若冰雪，綽約若處子。不食五穀，吸風飲露。乘雲氣，御飛龍，而遊乎四海之外。其神凝，使物不疵癘而年穀熟。吾以是狂而不信。』」肩吾轉述接輿所說的：「在藐姑射山上，住著『神人』。他的皮膚像冰雪般潔白細緻，外表看來像少女般漂亮，不吃五穀，餓了吸風，渴了飲露。他可以如同坐車般坐在雲端，也可以像騎馬般騎著飛龍，到廣遠之處任意優遊。只需心神專注，他就能讓動物不生病，讓穀物豐收。我覺得這些話太玄、太不合常理了，因而無法相信。」「狂」，就是我們今天習用的「誑」，胡說八道的意思。

「**連叔曰：『然。瞽者無以與乎文章之觀，聾者無以與乎鐘鼓之聲。豈唯形骸有聾、盲哉？夫知亦有之。是其言也，猶時女也。』**」

連叔聽了，先說：「是啊！」聽起來好像贊同肩吾的意見，認為接輿的話太「誑」了，不值得相信。但再聽下去，才知道這一聲「然」，原來是諷刺的。「瞎子沒辦法跟正常人一起欣賞華麗、鮮明的花紋與色彩，聾子沒辦法跟正常人一起欣賞美妙的鐘鼓音樂。不只在身體感官上有瞎子、有聾子，在人心之『知』上也有瞎子、聾子。說在人心之『知』上也有瞎子、聾子，這話講的大概就是你吧！你沒有那樣的心智能力，才會將接輿的話視為『誑』而不信啊！」

「**『之人也，之德也，將旁礴萬物以為一，世蘄乎亂，孰弊弊焉**

以天下為事？……』」連叔繼續說：「這樣的人、這樣的特性，其精神沛然流布可以混同萬物，讓世間因為混同了而取得自然的秩序，他何必要焦弊心神去經營天下呢？」這裡「亂」字做反義解，等於「治」。「神人」和一般人最大的不同，是他不需刻意努力經營，任自然形成、顯現秩序，肩吾沒有足夠的「大知」看到、聽到如此美好的不同層次真理，只懂得用世俗人情的標準來理解，難怪會以為「不近人情」，「神人」的道理本來就和人間的道理不一樣、不相近啊！

「**『之人也，物莫之傷。大浸稽天而不溺，大旱金石流、土山焦而不熱。是其塵垢秕糠，將猶陶鑄堯舜者也，孰肯以物為事？……』**」連叔又說：「這樣的人，沒有東西可以傷害他。大水淹到天那麼高，『神人』不會溺死；大旱災熱到金屬、石頭都融化了，土山也都烤焦了，『神人』也不會熱死。『神人』的等級之高，他身上的塵垢，他丟棄不要的廢物，就足以當材料來鑄造堯和舜了。這種人，怎麼可能花力氣在『物』上呢？」連叔在這段說明「神人」本來就不會刻意處理「物」，所以「其神凝，使物不疵癘而年穀熟」，是再正常不過的事，哪有什麼好大驚小怪，以為其「誑」的地方呢？

「『**宋人資章甫而適諸越，越人斷髮文身，無所用之。堯治天下之民，平海內之政，往見四子藐姑射之山，汾水之陽，窅然喪其天下焉。**』」連叔又舉了宋人所做的蠢事來做比喻。就連同為宋人的莊子，要舉例時，都還是受到戰國當時習慣影響。「宋人帶著正式的大禮帽去到南方越國，想要做生意。但那裡的人頭髮剪得短短的，裸露出皮膚上的紋身，他們的外表穿著和中原的人完全不一樣，當然用不到宋人帶去的大禮帽。」別以為你覺得重要、有用的，人家也一定會同樣認為重要、有用。「堯將天下治理得很好，安定了海內這個範圍的政事，然而一旦他離開了這塊世俗海內範圍，去到汾水之陽的藐姑射山見『神人』們，他就會恍然了解，擁有天下，『治天下之民，平海內之政』實在不是什麼了不起、多麼值得肯定、值得誇耀的事。」

莊子以「小大之辯」解放我們對於既有價值的執著，了解原本主流文化所肯定、所誇耀的，不過是從一定的尺度規模上看出去的結果。我們熟知、習慣的尺度規模之外，存在著其他不同的尺度規模，尤其是更大的尺度規模，往往不是我們能夠看得到、碰得到的。以那樣更大、更高的尺度規模來衡量，我們認定的重要的事，就不再那麼重要了。

不是無用，是不會用

接下來，莊子進一步卸除把我們綁鎖在單一尺度規模的最大束縛——關於「有用」的考量。

「**惠子謂莊子曰：『魏王貽我大瓠之種，我樹之成，而實五石，以盛水漿，其堅不能自舉也。剖之以為瓢，則瓠落無所容。非不呺然大也，吾為其無用而掊之。』**」莊子的好友惠施對他說：「魏王送了我大葫蘆的種子，我拿種子種成功了，收穫了可以裝三、四公升水的大葫蘆。拿大葫蘆來裝水漿，葫蘆太大了沒辦法，會一直倒下來。把它剖開來當水瓢用，一舀水，瓢又承受不了水的重量而彎落下來，根本裝不了水。這葫蘆大得很，但因為沒有用，我就把它捶爛了。」

這是寓言，重點在於葫蘆之「大」，比原本葫蘆的尺度規模來得大。莊子自設惠施對他前面鋪陳的「小大之辯」提出挑戰，「大」就好嗎？大葫蘆可是大得令人生氣啊！

這就是前面提到的戰國雄辯文風。莊子並沒有假定他的讀者那麼容易接受他所說的。不是他怎麼說，讀者就會怎麼相信，讀者是需要被說服的。這些戰國作者要面對的，可不是《論語》裡孔子面對的弟子或問政君王，大家有耐心、有禮貌地期待他說出有智慧的話語，馬上就敬領接受。

戰國是縱橫家到處馳騁言辯的時代，也是聽過眾多巧口言辯因而沒那麼容易相信的時代。要讓人家理解、接受你的意見，你得使出各式各樣雄辯的本事來。

設想別人可能會提出的尖銳質疑，是雄辯術中常見的一種手法。而且最好是給出看來真正很具殺傷力的反對意見，讓讀者認同點頭：「是啊，我也是這樣覺得，看你怎麼回應！」如此，一旦你能因應提出巧妙反擊，讀者當然就被爭取過來了。

惠施用大瓠嘲弄莊子：「大」有什麼好？「大」反而沒有用啊！

莊子如何回答呢？「**莊子曰：『夫子固拙於用大矣。』**」他對惠施說：「唉，你還真是不懂得如何用『大』啊！」然後他還給惠施另一個寓言：「『**宋人有善為不龜手之藥者，世世以洴澼絖為事。……**』」這又是個笨人的故事，所以主角還是「宋人」。「有個宋人特別會做防止冬天皮膚遇水龜裂的藥，家中世世代代都以染布為業。」染布必須將布浸在染料中，就連冬天手都得泡在水中，有了這種藥，他們就不擔心皮膚龜裂，特別適合從事這個行業。

「『客聞之，請買其方百金。聚族而謀曰：「我世世為洴澼絖，不過數金；今一朝而鬻技百金，請與之。……」』」有外地人知道了這件事，就出價百金來買他們的藥方。顯然這是個聰明人，所以就一定是「客」，不會是「宋人」。這個宋人家族特別聚會商量，得到的結論是：「我們世世代代幹這行，才能賺幾個錢？現在把藥方技術賣掉，馬上可以得到幾十倍的酬勞，那當然應該要賣。」

「『客得之，以說吳王。越有難，吳王使之將，冬與越人水戰，大敗越人，裂地而封之。能不龜手，一也；或以封，或不免於洴澼絖，則所用之異也。……』」外地人買到了藥方，去到吳國求職。遇到了吳越之間有紛爭，吳王派他帶領軍隊，冬天和越人進行水戰。他讓兵士使用不龜手的藥，兵士不畏寒冰之水，結果打了大勝仗，吳王就分封土地給他作為獎賞。莊子接著說：「不龜手的藥方，是同樣的，有人能夠因而得到封侯，有人卻世世代代擺脫不了染布的低層行業，如此差異，不是出於藥方本身，而是用法不同，有人用在大處，有人用在小處啊！」

「『今子有五石之瓠，何不慮以為大樽而浮乎江湖？而憂其瓠落無所容，則夫子猶有蓬之心也夫！』」「樽」是木製酒器，因為中空，所以遇到要渡河時，人們會將幾個「樽」綁在身上，增加浮力，以保安全。

莊子就教惠施：「現在你有了那麼大的葫蘆，為什麼不考慮將大葫蘆拿來渡河用呢？這樣就算在大江大湖之上都可以浮於水面，不用擔心溺水了。有這麼好用的救生圈，你不懂得用，還在那裡煩惱大葫蘆做水瓢會彎折下去。看來，你畢竟還是抱持著在蓬草間跳躍的小鳥的眼光，在看待世界上的事物呢！」

大有大的標準，大有大的用處，以「小知」之眼，不懂得換成更開闊的眼光來看「大」，自然就找不出「大」的用處了。莊子所說的「小」與「大」，不是數量上的增減，毋寧是不同尺度規模產生的質變。「小」、「大」之間有著「不可共量性」，將用小葫蘆的方式放到大葫蘆上，仍然是「小」，當然就無從領會、開發「大」的用途了。

即使如此，惠施還是沒有完全被說服。或說，莊子並沒有認定讀者到此心裡就都沒有疑問了，他要繼續施展雄辯之術，去除殘存的不信，於是他藉惠施之口，再說了一個挑釁的寓言。

「惠子謂莊子曰：『吾有大樹，人謂之樗。其大本擁腫而不中繩墨，其小枝卷曲而不中規矩，立之塗，匠者不顧。今子之言，大而

無用，眾所同去也。』」惠施擺明要抬槓了：「你說大葫蘆有『大』之用，那我就來假想有一棵大樹，本來就不是好的木材（「樗」是劣質木的意思），而且還長得歪七扭八的。其主幹上面長了一顆一顆的木瘤（「擁」就是「癰」），沒辦法找到一塊可以符合繩墨直線的部分；其分支樹枝則是亂彎亂捲，沒有一枝符合圓規方矩畫出來的線。這樣一棵樹，就算長在路邊，木匠都不會看它一眼。」形容完這樣一棵惠施認為絕對不會「有用」的樹，他不客氣地就拿這棵樹來比擬莊子的言談：「現在你所說的話，也是『大而無用』，大家都不要，一同予以拋棄的。」

莊子也不動氣，仍然還以另一組寓言比對。你說大樹，那我就說說動物給你聽。「**莊子曰：『子獨不見狸狌乎？卑身而伏，以候敖者。東西跳梁，不避高下，中於機辟，死於網罟。……』**」「你沒有看過狸貓、黃鼠狼嗎？牠們把身體伏得低低的，躲在那裡等待往來的獵物，一下突然跳到東邊，一下又突然跳到西邊，上上下下哪裡都去，然而一不小心，自身成了獵物，中了獵人設的機關，掉進網子裡，就這樣送了命。」

這是小，這是小尺度的生活。並不是大一定比小有用，也不是小就一定比大有用，真正的關鍵乃在大小尺度的根本不同，不可能以同一套標準來衡量。「**『今夫斄牛，其大如垂天之雲，此能為大矣，而不能執鼠。……』**」「像犛牛那樣的龐然大物，大到遠看像是天上垂下來的雲，其具備有『大』的能力，卻無法像狸貓、黃鼠狼一般去捉老鼠。」

「**『今子有大樹，患其無用，何不樹之於無何有之鄉、廣莫之野？彷徨乎無為其側，逍遙乎寢臥其下。不夭斤斧，物無害者，無所可用，安所困苦哉！』**」不要用固定僵化的標準來衡量，而是還原此物的本性來思考，就一定能看出真正適合它的「用」，只是這種「用」不見得符合世俗以為的「有用」概念。離開世俗執念，我們才能得到逍遙自在。莊子還是聰明地找到惠施假設的這棵大樹之「用」：「你有這麼一棵大樹，與其一直煩惱它沒有用，何不將大樹種到什麼都沒有，廣大空曠的原野上？在樹旁邊無目的地散步，自在舒服地在樹下躺著睡一覺。這棵樹如你所說的，反正不會引來斧頭砍伐，它沒有害處、也沒有用處，再好不過，幹嘛反而要為它感到困苦呢？」

兩千多年後，我們都還能隨著莊子的文字，在眼前浮現那想像中的景象。一棵奇形怪狀的大樹，昂然獨立站在曠野中，構成了攝人神魂的美景。人不自覺地走近大樹，在樹周圍倘佯漫步，隨興地靠著樹坐下來，樹蔭帶來的涼風給人添上睡意，眼皮一閉，安安心心地打個盹，反正不會有人來砍這棵樹，也沒有人會要來搶這樣一個曠野中的位子，多好！

相較於惠施的繩墨規矩算計，我們更喜歡莊子給的大樹逍遙想像，更願意接受莊子對待大樹的態度——無用之用，而且是針對各別個性得出的答案。

這是《莊子》全書第一篇〈逍遙遊〉，闡述了「小大之辯」。莊子提醒：這個世界不是我們原本想像那樣的規模。還有，小有小的道理、大有大的道理，不能、不應該錯置不同尺度規模的標準，更不能、不應該拿同一組標準去套不同尺度規模的事物。「遊」，就是在自身適合的尺度規模裡，自在的狀態。

然而，「小大之辯」不是莊子思想的全部。〈逍遙遊〉說的是不同尺度規模的相對性，不過在認識了這份相對性之後，莊子還要帶我們進一步叩問：那是否有統合這些相對標準的另外一種邏輯，來溝通各個不同的尺度系統呢？莊子沒有要停留在簡單、直接的相對主義立場上，所以〈逍遙遊〉之後，而有第二篇的〈齊物論〉。

第三章　以絕對超越相對

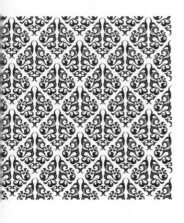

聽不到的天籟

〈齊物論〉開始於一個奇特的場景：「**南郭子綦隱机而坐，仰天而噓，荅焉似喪其耦。**」南郭子綦靠坐在矮几邊，仰起頭來呼了一大口氣，整個人像是失去了魂靈而解體了似的。「荅」是解體貌，「耦」則特別指人之所以能活著，不可或缺的另一半，不是你的配偶，而是你的靈魂。古代中國人相信身體與靈魂對偶結合才構成了完整的人。

「**顏成子游立侍乎前，曰：『何居乎？形固可使如槁木，而心固可使如死灰乎？今之隱机者，非昔之隱机者也。』**」南郭子綦的弟子顏成子游隨侍站在他面前，驚訝地問：「怎麼了呢？我們可以讓自己的外表形體看起來像無生命的枯木，但內在精神總還是活動著，難道能夠連心也一併都如同無火之灰般乾冷死滅嗎？我感覺到現在在我眼前這個靠坐在矮几邊的人，不再是以前那個靠坐在矮几邊的人了。」意思是：以前南郭子綦的「靜」，都還只是「形」上的安定靜止，今天卻連「心」都一併息止了，和之前大不相同。

「子綦曰：『偃，不亦善乎，而問之也！今者吾喪我，女知之乎？女聞人籟而未聞地籟，女聞地籟而未聞天籟夫！』」南郭子綦就稱讚顏成子游：「很不錯啊，你竟然會如此問！你知道我剛剛離開了原本的我，讓自己和萬物化而為一，你感覺到了？你知道了？你過去聽過『人籟』，但應該沒聽過『地籟』；就算你聽過『地籟』，也一定沒聽過『天籟』。」

顯然，「人籟」、「地籟」、「天籟」的區分，跟南郭子綦今天之所以能「喪我」，有密切關係。「**子游曰：『敢問其方？』**」弟子子游就說：「可以知道人籟、地籟、天籟的道理嗎？」

「**子綦曰：『夫大塊噫氣，其名為風。是唯無作，作則萬竅怒呺，而獨不聞之翏翏乎！……』**」「大塊」指一切混同，物類分別之前的整體；或說總合所有一切而成的整體，也就是「大自然」、原初的自然。子綦說：「大自然有其呼吸氣息，我們將之稱為『風』。大自然之息不發作則已，一發作就會讓無數的孔竅都一起發出聲音，我們不可能聽不見風所發出的聲音的！」

「**『山林之畏隹，大木百圍之竅穴，似鼻、似口、似耳；似枅、似圈、似臼；似洼者、似汙者。激者、謞者、叱者、吸者、叫者、譹者、宎者、咬者。前者唱于，而隨者唱喁。泠風則小和，飄風則大和。**

厲風既，則眾竅為虛。而獨不見之調調、之刁刁乎？』」

這段太精采了，應該先要一氣呵成唸過去，即便是用現代中文發音來唸，都可以強烈感受到那種聲音上的節奏、韻律與氣勢。「畏隹」，就是後來中文裡的「崔嵬」，形容山勢高聳險峻的樣子。南郭子綦形容：「在高聳險峻的山上，森林中有一百個人手拉手才能圍抱的大樹，」——我們心中應該浮現阿里山或復興鄉的千年大檜木，或者是北加州的大紅木，彷彿看到那樣一棵大樹，然後接近到樹下，看見了樹上長滿了各式各樣的孔竅——「樹上有大大小小的洞，有的像鼻子、有的像嘴巴、有的像耳朵（這是比較小的洞）；有的像瓶子、有的像臉盆、有的像石臼（這是稍大一點的洞，而且愈來愈大）；有的像是窄而深的水坑、有的像是寬而淺的水窪一樣。」

這就是一種雄辯技法。他要說的，一言以蔽之：大樹上有很多洞。但他不這樣簡單地說，他要羅列形容，讓讀者強烈感受孔竅數量之多、型態各異。而且羅列有其講究，從小排到大，但又巧妙地分成幾組：一組最小的，用人臉上的器官作比擬；一組稍大的，以家居器具作比擬；更大的，用不同的積水處來作比擬。規律中有變化，變化中又有其整齊的秩序。

然後南郭子綦形容風吹起時，大大小小的洞，就發出了交響聲音：激、謞、叱、吸、叫、譹、宎、咬，這連續八個字一方面形容人發出聲音時的不同情緒、不同動作，另一方面八個字本身又構成了擬聲效果，模擬出各式各樣的孔竅音響。激，是激動；謞，是歡笑；叱，是罵人；吸，是深吸口氣；叫，是大喊；譹，是帶著悲傷哀痛地叫；宎，是深沉悲嘆；咬，是壓抑收回來的叫。都不一樣。

還不只如此。其中幾個字另有引發其他聯想的歧義。激，同時可以是水被揚起時的聲音。謞，同時可以是箭射過空中的聲音。宎，同時可以是開關門時，門軸發出來的咿呀音，就是那種鬼片中最常用來嚇觀眾的音響效果。譹、咬，同時讓人感覺像是動物嚻叫、兇殘相咬時所發出的聲音。

還不只如此。這裡有八個短詞，和前面八個短詞接在一起，又形成了特殊的聲響效果。「**似鼻、似口、似耳；似枅、似圈、似臼；似洼者、似汙者。激者、謞者、叱者、吸者、叫者、譹者、宎者、咬者。**」前面八個，第一個字都是「似」，第二個字有變化；後面八個相反，第二個字都是者，第一個字有變化。而介於兩組中間的「似洼者、似汙者」破例用了三個字三個字，前面是「似」，後面是「者」。

「似、似、似、似、似、似、似、似—者、似—者、者、者、者、者、者、者、者、者」我們一定會聽到這樣的聲音，如此立刻就感受到後面所說的呼應、唱和效果。孔竅不只各自發出不同聲音，還會彼此影響，相互呼應，交雜在一起。「**前者唱于，而隨者唱喁。**」前面發出什麼聲音，後面就跟著發出類似卻又不完全一樣的聲音。

「大自然發出泠泠輕風時，這種應和效果就小；大自然鼓動了狂風，應和聲響就變得很激烈。一旦暴風停了，所有的孔竅隨而安靜，突然好像都不存在了般，或者該說，突然間就都還原成為『虛』，因為孔竅本來就不是東西，是一個個、一塊塊的空洞、空虛。聲音沒了，對照下，你就一定會格外敏感察覺剛剛被風吹動的樹枝樹葉，還在搖動著，沒有完全停下來。」

這段話的前面有「**而獨不聞之翏翏乎**」，後面則有「**而獨不見之調調、之刁刁乎**」，兩句是互相對應的。前句以祈使方式讓你知道，風來時，你的感官都會被風聲給吸引過去。後句則以同樣的祈使方式讓你知道，風突然停了，你的視覺才回來，在無聲中注意到還在飄搖的東西。這裡另外突出了聲音消失得有多麼快，風一停，聲音必然立刻隨之停止，因為「眾竅為虛」，它們其實並無物，純然應風而起。即便樹枝還在搖動，只要沒有風，孔竅就不會發出聲音來。

「子游曰：『地籟，則眾竅是已；人籟，則比竹是已。敢問天籟？』」這個聰明的弟子立即懂了，老師南郭子綦描述的是「地籟」。會說「獨不聞」，是在提醒他，其實風聲、孔竅之聲，隨時在那裡，但他如果不了解、沒有注意，只關心人間環境，就會「獨不聞」，不該沒聽到，卻偏偏就是沒聽到。

懂了這是「地籟」，子游舉一反三，也就明白了和「地籟」相對，所謂的「人籟」，那就是人吹樂器所製造出來的音樂。如果是這樣，那神祕、終極的「天籟」又是什麼呢？

老師的回答是：「**子綦曰：『夫吹萬不同，而使其自己也。咸其自取，怒者其誰邪？』**」「吹動所有各種不同的孔竅，讓孔竅發出各自不同的聲音的，那就是『天籟』」老師前面說「未聞地籟」和「未聞天籟」，原來意思不一樣。「未聞地籟」，是因為你沒有用那種方式去注意聽到「大塊噫氣」所發動的聲音；「未聞天籟」卻是因為「天籟」本身是我們聽不見的。「這些聲音都像是自身發出來的，我們找不到有什麼樣的主宰、什麼樣的力量在後面發動。」「怒」字的意思同「努」，一切自然而然，每個孔竅發出自身的聲音來，有誰在努力推動製造嗎？

我們習慣形容美好的聲音為「天籟」，或「如同天籟般美好」，不過若還原莊子的本意，這是莫名其妙的說法，「天籟」是聽不見的、捉摸不到的大自然之「息」，我們能聽到的，只是「天籟」通過萬物，讓萬物自己發出的聲音。「天籟」之所以是「天」，正因為不是具體的、物理的聲音，而是抽象的、混同的聲音的源頭。

「人」與「天」最大的差別，就在「怒者」。人為的聲音是努力的結果，是有意的、有來歷的，天然的聲音沒有什麼好努力的，就這樣來了，就這樣出現了。

「天籟」和「地籟」不可分，我們能聽到的，只是「地籟」，然後藉由「地籟」的「萬竅怒呺」來推想、理解「大塊噫氣」，無聲的「天籟」。

什麼對精神有害

用南郭子綦的話開頭，接著莊子進行他的雄辯衍伸。

「大知閑閑，小知閒閒；大言炎炎，小言詹詹。其寐也魂交，其覺也形開，與接為構，日以心鬬。」這裡又回到「小大之辯」，不同尺度規模的智慧、言談，會有不一樣的特性。尺度規模大的智慧從容暇裕，從容不迫（「閑閑」）；尺度規模小的智慧，則像是不斷要從小縫隙裡去窺察別人的祕密一般，在意查察區分，有許多計較（「閒閒」，同「間間」，從縫隙間窺伺之意）。尺度規模大的言談，通常說得很平淡（「炎」，就是「淡」一）；尺度規模小的言談，則會很濃稠很細密（「詹詹」，形容細碎的樣子）。

這種大小特性的分別，是怎麼來的呢？來自於我們的精神反應。即使是睡覺的時候，我們的精神都沒有真正休息，仍然在意識層次接收刺激（魂交）；醒著的時候，就換成由身體來向外打開來接收，外來接觸、接收的刺激、訊息，就進入我們的精神，和我們的精神合在一起（構），因而每一天、隨時我們的心都像在鬥爭般的混亂中。

「**縵者，窖者，密者。小恐惴惴，大恐縵縵。**」精神的混亂，有不同的型態。有時讓我們如同被遮蔽在大布幔後面，有時讓我們像是掉進了黑暗的地窖中，有時讓我們被關起來找不到出路。因而精神時常處於恐懼不安狀態裡，小的恐懼使人坐立難安；大的恐懼則剛好相反，使人失去活力，整個人像是鬆解散開了，沒有辦法收拾拼合正常運作（「縵縵」是形容解弛鬆脫的模樣，如同垂墜著鬆散的布縵般）。

「**其發若機栝，其司是非之謂也；其留如詛盟，其守勝之謂也；其殺如秋冬，以言其日消也，其溺之所為之，不可使復之也；其厭也如緘，以言其老洫也，近死之心，莫使復陽也。**」精神受外物刺激，像是動到了弓弩的開關，一下子就將箭射了出去。精神一發，就產生了是非，精神就受到了是非之累。發了有是非，很累，然而不受外物激動，保留精神不發，也沒有比較好。留，不是真能不接外物，而是接了外物，但小心翼翼戒備防守，生怕失敗，也不輕鬆。

如此不管是動或是靜，精神都受累而不斷損傷，就好像由秋而冬，每天愈來愈消散，而且精神會一直沉落在秋冬日消的情況，還不像自然季候，秋冬過完了會回復到春夏，那是因為精神耽溺於應接外物習慣，會讓它久留秋冬「不可使復之也」。

「厭」是阻塞、壓伏的意思。精神被堵塞的情況像是被繩索緊緊綑綁一般（「如緘」），只會不斷老化、乾枯（「洫」指沒有水的乾溝），一步一步接近死滅的心，沒有辦法能夠回復活力。

精神反應外物，最清楚表現在人的種種情緒上，「**喜、怒、哀、樂、慮、歎、變、慹、姚、佚、啟、態，樂出虛，蒸成菌，日夜相代乎前，而莫知其所萌。已乎，已乎！旦暮得此，其所由以生乎！**」高興、生氣、哀傷、快樂、憂慮、嘆息、改變、恐懼、貪欲、動搖、開放、作態……好像有時耳裡突然聽見音樂（幻聲），有時會在蒸汽中看到不存在的菌菇狀形體（幻形）一樣。多種情緒日夜不停交替向前占據我們的心，我們卻無從知道其來源。

到此為止、到此為止吧！之所以日夜都在這種混亂情緒中，來源就是我們的精神啊！這裡的關鍵是「其」字，從「其寐也魂交」開始，一整段文章中，每一個「其」指的都是精神，所以到這裡莊子終止我們的混亂迷疑，要我們明確認知，不斷受外物刺激消耗的精神，是所有複雜、忙碌情緒的來源。

「非彼無我，非我無所取。是亦近矣，而不知其所為使。若有真宰，而特不得其眹。可行已信，而不見其形，有情而無形。」

這段話直接這樣讀，很不容易懂。不過，還好，後面下一段話，就是在解釋這段的。所以我們不如先讀下一段：

「百骸、九竅、六藏，賅而存焉，吾誰與為親？汝皆說之乎？其有私焉？如是皆有為臣妾乎？其臣妾不足以相治乎？其遞相為君臣乎？其有真君存焉？」這很好懂，骨骼、外面的器官、裡面的內臟，都在我們的身體裡，但對於「百骸、九竅、六藏」，我們會有什麼偏愛嗎？你會對它們都覺得滿意？還是特別喜歡哪塊骨頭、哪個器官、哪顆內臟？「百骸、九竅、六藏」彼此之間是怎樣的關係？是如同臣妾般的分工關係？這樣夠可以好好順利運作嗎？還是它們另有主從號令關係，輪流作主呢？在它們之上有一個真正的統帥、主宰嗎？

身體是我們的，但我們大概都沒有用這種方式去想、去問。莊子問這一連串奇怪問題要幹嗎？為了強調地導出這個結論：「**如求得其情與不得，無益損乎其真。**」「情」在古文中指的都是事實、真實。這句話的意思是：我們能不能追究得到問題的真確答案，了解到底身體有沒有一個「真君」在指揮，對這個讓身體能夠順利運作的力量、體系，沒有影響，不會增加或減損這個「真君」的「真」。因為它的「真」，就存在、體現於能讓「百骸、九竅、六藏」互相配合構成人體的所有功能，不需要被我們理解。我們的理解與否，對這「真君」，毫無意義。

這「真君」是你嗎？還是「百骸、九竅、六藏」中的哪一個？還是它們之間互助分工所形成的哪種結構？知道或不知道這其中答案，無助於、當然也無損於「百骸、九竅、六藏」的正常運作。

我們是從結果知道、肯定「真君」的存在。這也就是前面所說的「其」——精神——的根據。「**一受其成形，不亡以待盡。**」有「真君」發揮作用讓「百骸、九竅、六藏」運作，我們才「成形」活著，只要我們活著不死的過程中，就都要靠精神作為主宰動力。

回頭讀前面一段，「**非彼無我，非我無所取。**」如果沒有「真君」、沒有精神，就不會有我的存在；轉個方向看，如果沒有我，「真君」、精神也就無所依托、無所寄寓。「**是亦近矣，而不知其所為使。**」「真君」、精神和我二而一互相需要，彼此那麼貼近，但我卻無法明瞭它的運作。「**若有真宰，而特不得其眹。**」好像有真的有一個主導的力量在那裡，卻怎麼樣也找不到可以追蹤掌握它的任何徵兆。「**可行已信，而不見其形，有情而無形。**」它的作用很明確，不容懷疑，但卻看不到它的形體。所以「真君」、精神是「有情而無形」，事實存在，卻沒有可見可掌握的外表形體。

確定了精神的存在，回頭再看看人活著時，我們的精神處於怎樣的狀況？

「**一受其成形，不亡以待盡。與物相刃相靡，其行盡如馳，而莫之能止，不亦悲乎！**」明明我們接受了精神才存在，到把精神消耗完了就死去，我們卻終日讓精神和外物不斷交接、衝突、摩擦，好像拿刀的利刃一下子去砍別把刀的利刃，一下子又把它拿去給磨刀石刮磨，如此快速如奔馬般把精神用盡，卻沒辦法阻止，沒辦法將這匹奔馬拉住，多麼悲哀啊！

「終身役役，而不見其成功，苶然疲役，而不知其所歸，可不哀邪！」「苶」是困頓的意思。人一輩子辛苦，像是不斷在服勞役般，卻無法讓精神（其）有所增添成功，忙忙碌碌卻不懂得精神真正需要的、真正的安居歸宿，多麼悲哀啊！

「人謂之不死，奚益！其形化，其心與之然，可不謂大哀乎！」如此消耗精神的狀態，一般人就稱之為「不死」、「活著」，但這樣有意義嗎？有用嗎？不斷把精神快速耗掉趕往生命的終點，如此真的算「活著」，真的和死去有根本的差別嗎？人的心，人的「真君」，那根本的精神，被外在形體拖了跑，形體如何變化，心就隨而變化，那可是最悲哀的事了啊！

「人之生也，故若是芒乎？其我獨芒，而人亦有不芒者乎？夫隨其成心而師之，誰獨且無師乎？」「芒」，是蒙昧不明的意思。人活著，就是如此蒙昧看不清道理嗎？是只有我如此蒙昧不明，有別人比較清醒清楚的嗎？我能找到一個老師來指導我嗎？

但我們平常怎麼找老師？我們都依隨著自己的「成心」，依照心中已經有的定見偏見來找老師，去找說的道理接近我們的定見偏見的人，來當我們的老師。用這種方法找老師很容易，誰都能找得到老師，誰都有老師。

只是這樣找來的老師，恐怕不能真正教導我們變得清醒明白。**「奚必知代，而心自取者有之，愚者與有焉。未成乎心而有是非，是今日適越而昔至也，是以無有為有。無有為有，雖有神禹，且不能知，吾獨且奈何哉！」**「知代」，另有一種版本為「知化」，若是如此，那麼「奚

必知化，而心自取者有之」的意思是，真正要學甚至不需要找那種真正「知化」，明瞭變化內在道裡的人；關鍵其實在精神本身所直覺體會應對的，那才是能讓人擺脫蒙昧不明的訊息。這種訊息，沒有知識的人身上都有，甚至可以進一步說：沒有知識的人，還比有「成心」、有是非的人更容易接近「心自取者」呢！

要學會清醒明白看待「心」、看待精神，老師幫不上忙，相反地，老師的道理、成見、是非只會讓人滯留在「形化」上，進一步使得「形」拖累「心」，使得精神消耗得更快。

回到「心」、精神的自身，也就是回到僵化固定的「成心」出現之前，「心」與精神仍然處於流蕩的狀況。沒有「成心」，就必然沒有「是非」，這是邏輯上必然的先後關係，有了「成心」才出現「是非」。要說「成心」

出現之前就有了「是非」就好像說「今天出發去越國，昨天就到達了」一樣錯誤、一樣荒謬。

犯了這種邏輯上的錯誤，硬把沒有的想成有、講成有，那就連擁有至高神智的大禹都不可能了解了，我還能怎麼樣呢！

相對不如絕對

到這裡，我們明白了莊子的第一項主要論點，以及〈齊物論〉以南郭子綦開篇的用意。「心」，精神，是人的主宰，但我們活著，卻讓精神日夜和外物相接相磨，導致精神不斷衰耗，快速耗盡，同時也就帶來死滅。我們真正需要學的，是如何將精神與外物解離開來，讓精神與外物保持相當距離，精神不受形體持續拖累。所以如果要找老師，就應該找懂得如何回到精神本身的人，而不是有具體道理、明確是非的人。南郭子綦的意義，不在說了一套關於「天籟」的道理，而在他是經由「心固可使如死灰」的體驗，得出對於「天」、對於「天籟」的理解，換句話說，用這種方式理解、接近「天」與「天籟」，有助於人回歸「心自取者」。

人的問題，在於精神附隨在形體上，形體交接外物，受各種刺激、生各種情緒，而使得精神連帶被拖累衰耗。而「成心」及「成心」所帶來的是非，是眾多情緒的根源，因此我們沒有道理再依照自己的「成心」去找老師，而是要想辦法復歸「心自取者」。其中一種方式，就是辨識並廓清從語言而來的種種是非。

「夫言非吹也。言者有言，其所言者特未定也。果有言邪？其未嘗有言邪？其以為異於鷇音，亦有辯乎？其無辯乎？道惡乎隱而有真偽？言惡乎隱而有是非？道惡乎往而不存？言惡乎存而不可？」

這又是莊子習用的一種雄辯形式，說一段看似簡單明瞭的話，接著就針對這段話提出了一連串的疑問，問題本身實質就動搖了我們原本在不察中所認定的道理。他說：語言，說出來的話，不是「吹」，不是大自然的風息，差別在於說話是有意識的，說話的人是為了傳達某個尚未確定的是非意見而說的。

這聽起來很簡單，很合理。說話當然不同於風聲，說話者一定是為了要表達什麼而開口，在他說出之前，那訊息、意見還未形成（未定），他才需要說。如果已定，已經有結論，他就不必說了。

但接著莊子就問：「但真的有語言、說話這回事嗎？（意思是人真的可以說話、用語言達到傳遞意見、得到結論的效果嗎？）人說話真的和小鳥叫不一樣嗎？還是根本一樣的呢？（「辯」就是「辨」，分別、分辨的意思。）是什麼力量、什麼因素遮蔽了「道」，使得原來整全的「道」開始有了真假？（所以必須用語言、說話來主張真假，也就是來「定」真假。）又是什麼力量、什麼因素遮蔽了語言、說話，以至於是使得語言產生了是非？「道」究竟去了哪裡，以至於不再以其原形存在（出現了真假）？語言又是如何存在、如何被使用以至於沒辦法表達出確定的訊息與意見（或說必須被用來表達、爭辯不確定的訊息與意見）？」

對於這些困難、疑惑的設問，雄辯的莊子給了他的答案：「**道隱於小**

成，言隱於榮華。」遮蔽「道」的，是成見、偏見，只看到一小部分就以為掌握了全部的態度。遮蔽語言的，則是種種華麗的裝飾，巧妙的說法。「**故有儒、墨之是非，以是其所非，而非其所是。**」所以會有像儒家和墨家的爭議，因為這兩家都得到「小成」，各執一偏，又都動用華麗語言，彼此對立。那方反對的，這方就支持；那方贊成的，這方就說是錯的。

「**欲是其所非而非其所是，則莫若以明。物無非彼，物無非是。自彼則不見，自知則知之。**」若想找到真正評斷是非的標準與方法的話，我們就不能跟他們一樣陷入在這種語言的相對爭議裡。我們要擺脫他們的蒙昧不清，用清醒清楚的方式來看。

什麼是「明」的方式呢？看出事物的相對性，「是」和「彼」（就是「此」和「彼」，這個和那個）是對應而成的。所有的東西，都既是「此」，又是「彼」。從自己的角度出發看，是「此」；換別人的角度看你，你就變成了「彼」。沒有固定的「此」和「彼」。「彼」和「此」最大的差異在哪裡？你了解自己，了解「此」，卻無法同樣的了解別人，了解「彼」。

「故曰：彼出於是，是亦因彼，彼是方生之說也。雖然，方生方死、方死方生；方可方不可，方不可方可；因是因非，因非因是。」

所以說「彼」是從「此」而來的，同樣，有「彼」才會有「此」，「彼」、「此」因而是隨立場、隨角度產生的說法，也就是必然同時出現的說法。一方生，另一方也就同時生；一方滅，另一方也就同時滅。一方可，一方就不可。對立立場必然同時產生相反的判斷，由此而有了是非，因而是非也就同樣是相對的，有這個「是」才有那個「非」，有那個「非」才有這個「是」，它們是同一組道理對立的兩方。

「是以聖人不由而照之於天，亦因是也。是亦彼也，彼亦是也。」所以聖人不依照這種相對的道理，而是依照「天」，也就是前面解釋「天籟」時所凸顯的，在所有個體之外，不陷入任何個體中，不從任何個別立場來進行判斷。這樣產生了一種特殊的道理，這道理是正面的，卻沒有對立面，它是「此」，卻沒有和它相對的「彼」。「照之於天」的道理，破除了「此」、「彼」分別，讓「此」就是「彼」，「彼」就是「此」。

「此亦一是非，彼亦一是非。果且有彼是乎哉？果且無彼是乎哉？彼是莫得其偶，謂之道樞。」是非都來自於彼此的分別，這邊立場堅持一種是非、那邊立場堅持一種是非。真的有「彼」、「此」的分別嗎？這邊是是非，那邊也是是非，是非等同是非，那不就沒有了「彼」、「此」的差別了嗎？將「彼」、「此」的對立解消，讓「彼」找不到相對的「此」，

「此」找不到相對的「彼」，如此稱之為「道樞」。

為什麼叫「道樞」？「**樞始得其環中，以應無窮。是亦一無窮，非亦一無窮也。故曰：『莫若以明』。**」「樞」是在中間讓物體能夠轉動的機制，「門樞」是讓門能轉動的門軸，那麼「道樞」就意味著能夠讓「道」轉動的關鍵。如何讓「道」能轉動？那就是站在「環中」，也就是圓心之處。圓心在圓的正中央，沒有這面、也沒有那面，和所有對立的立場都等距，不在這邊、也不在那邊。在中心點上，沒有「此」、也沒有「彼」，「彼」、「此」無從分別，所以能夠「以應無窮」。各種彼此、是非繞著這個點存在，卻無法動搖、改變這無彼無此、無是無非的中央狀態，無窮多的彼此、是非都能不動以對，也就不會疲弊、衰耗了。前面說「莫若以明」，這就是聰明、清醒而不混沌蒙昧的對應方式。「明」就是看穿了是非、彼此的相對性，找到一個不相對的、絕對的原點，站定著觀察、應對忙碌、繁亂的相對彼此、是非。

第四章

觀點就是偏見

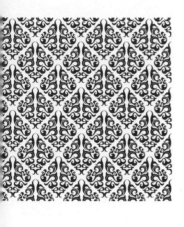

愈分辨愈糊塗

那要如何找到這個原點（道樞）呢？進一步回答這個問題之前，莊子先給了一段關於「名學」、關於邏輯論辯方法的討論。

「**以指喻指之非指，不若以非指喻指之非指也。以馬喻馬之非馬，不若以非馬喻馬之非馬也。**」這兩句話，聽起來像是繞口令。不過如果熟悉古代「名學」、「名家」的內容，就不難理解莊子要說什麼，因為「指」和「馬」，是「名學」、「名家」傳統中慣用的名詞與比喻。

「指」和「馬」都是舉例，說同一回事——當我們使用語言指涉一樣東西，例如說「馬」時，這個名詞必定同時具備兩層意義。一層指個別的馬，一匹馬、這匹馬、那匹白馬；但還有另一層指馬之所以為馬的總體性質。前者是個別性的、具體的這匹馬、這些馬；後者則是集體性、抽象性，泛指馬的整體，也指馬之所以為馬的「馬性」。

後來公孫龍子有名的論辯「白馬非馬」，就是從這樣的邏輯語意區辨中發展出來的。一般通俗概念中，白馬當然是馬，意味著「白馬」屬於「馬」這個總類別中的一個次類。但公孫龍子要強調，「馬」這個總類大於「白馬」，所以「白馬」不等於「馬」。通俗說「白馬是馬」，句中的「是」，意指隸屬關係，「白馬屬於馬類」；公孫龍子說「白馬非馬」，句中的「非」（或「不是」），意指等同關係，「白馬這個動物類別不等於馬那個動物類別」。

莊子說的是：個別的手指，例如我的手指，不等於「手指」這個名詞總稱。個別的馬，例如說眼前低頭吃草的這匹黑馬，不等於「馬」這個名詞總稱。如果想要讓人能理解這項總稱與個別之間的差異道理，與其說：「我的手指不是『手指』」、「這匹馬不是『馬』」，不如逆轉過來說：「不是我的手指的，也是『手指』」、「不是這匹馬的，也是『馬』」。

這意味著：我的手指之外的所有「非此指」之中，也有別人的手指，因而也是「指」，和「指」的集合類別有交集。這匹馬以外的所有「非此馬」中，包括了別的馬，也和「馬」有交集。

這兩種說法的差別在哪裡？在於後者讓人清楚意識「指」、「馬」這種類別分辨，多麼無妄。運用個別和總稱之間的邏輯形式，我們可以容易地得到「非指是指」、「非馬是馬」的結論——「不是我的手指的，有手指」、「不是這匹馬的，有馬」。如此一來，天下都可以被包納在「非指」—不是我的手指——這個概念下；萬物也都可以被包納在「非馬」——不是這匹馬——的概念下。既然「非指是指」、「非馬是馬」，如此代換之後，豈不就得到了「天地是指」、「萬物是馬」的結論了嗎？

所以莊子接下來說：「**天地，一指也；萬物，一馬也。**」這是他的詭辯結論。形式邏輯推演下，天地和「指」沒有分別；萬物和「馬」沒有分別。

「**（可乎可，不可乎不可。）道行之而成，物謂之而然。惡乎然？然於然。惡乎不然？不然於不然。物固有所然，物固有所可。無物不然，無物不可。**」這段話，依照文義看，前面的「可乎可，不可乎不可」似乎應該放到「不然於不然」之後，會比較合理、比較通順。

莊子進一步推演他的詭論：天地、萬物都是由「道」形成的，卻由人來命名給予稱呼，有了稱呼而變成那樣東西。馬為什麼是馬？因為我們把它稱為馬，被叫做馬，馬就成了馬。馬為什麼不是馬？當我們不那麼稱呼馬，馬就不再是馬了。換從這個角度看，那麼「**天地，一指也；萬物，一馬也。**」又得到了另一層意思：我們將天地命名為「指」，天地就變成了「指」；將萬物命名為「馬」，萬物就變成了「馬」。從這個角度再往回推，那麼「指之非指」、「馬之非馬」也取得了另一層意思：手指，不等於「手指」這個名稱；馬，不等於「馬」這個名稱。物可以被用不同名稱稱呼，名稱和物是分離、不相等的。

命名是主觀、任意的，和物體本身並沒有必然關係，可以不斷改動。物體本身有其性質，有其道理（物固有所然，物固有所可），然而在命名與語言上，卻沒有必然的聯繫限制（無物不然，無物不可）。

用這種方式，莊子顯示了語言的不可靠，進一步澄清了從語言而來的是非爭議，多麼無謂、多麼無妄！

「物固有所然，物固有所可。無物不然，無物不可。」這就是〈齊物論〉的根本。「齊物」，不是要把所有的東西都變成一樣，都看成一樣。而是要我們看出「無物不然，無物不可」的道理。我們概念中的「然不然」、「可不可」，往往不是來自「物固有所然，物固有所可」，而是我們自己從稱呼、從命名、從主觀規範執著而來的偏見。如此而有分別，如此而有了「不齊」。

因而「齊物」就是看破分別偏見，看出從主觀的角度，其實要把什麼東西叫做什麼都可以。擺脫這種人為的分別偏見，還原「物固有所然，物固有所可」，於是每種東西都有它自己自然的道理，也就都是平等的了。蘋果有蘋果的本性，橘子有橘子的本性，尊重蘋果和橘子各自的本性，不去區別比較，蘋果和橘子當然就是「齊一」，就是平等的。

「故為是舉莛與楹，厲與西施，恢恑憰怪，道通為一。」一根小草（莛）和可以拿來當柱子的大樹幹（楹）；一般認為長的最可怕的「厲」，和公認最美的「西施」；以及所有最極端怪異，看來不能相容的東西，其實都有同樣的道理。也就都是「齊」的，個別「恢⊠憰怪」只是表象，在擁有自身物性道理這件事上，都是相通的。

「其分也，成也；其成也，毀也。凡物無成與毀，復通為一。」有分別，才會讓一樣一樣東西存在，看到「莛」的小，看到「楹」的大，看到「厲」的醜，看到「西施」的美，於是這些東西就出現了（成），然而被如此區分凸顯出來，物體原先的本性也就毀了，被放在非其本性的標準下評斷。我們要理解、該追求的，是物體在如此「分」、「成」、「毀」之前，仍然擁有其自身物性的階段，在那裡，他們仍然遵從同樣的「道」，也就是仍然是「齊」的、平等的。每個物都是自己，都是「此」，沒有被劃分為「彼」。

「惟達者知通為一，為是不用而寓諸庸。庸也者，用也；用也者，通也；通也者，得也。」只有「達者」知道天地萬物的道理是互通的，相同的。因而他不從物體之「用」來看，「用」就表示以一種外在的標準來評量，就是「分」，也就必然毀了物的本性。那「達者」怎麼看呢？「寓諸庸」，「庸」者，常也，不變的部分，回到物本身不會隨外在主觀角度而改變的那一部份，從那裡來認識天地萬物，也就是用一種尊重個性的「齊物」態度來處世。

「庸」也是「用」，只不過是通的、共同的「用」，對個別物體自性上的「用」，而不是從任何外在的標準來評斷的「用」。蘋果是依照對其自身蘋果樹的意義，還原為樹上的果實而有「用」，不是可以滿足我們口腹之慾的「用」。這是庸常之用，而不是世俗之用。如果看到的、想到的是蘋果對我之用，那就是以我為「此」，將蘋果化而為「彼」，那就是「分」，那也就毀壞了蘋果的自性。

掌握了這樣的庸常之「用」，就理解了「通」，那才是真正的「得」。「**適得而幾矣，因是已，已而不知其然，謂之道。**」這樣的「得」不可強求，只能自然地「適得」。道能由「庸」而「用」而「通」而「得」，那也就差不多到達了。到了這個層次，你活在「通」的視野中，卻不明白那究竟是什麼、是怎麼來的（因為不是「求得」，而是自然而然「適得」的），這樣是「道」，或這樣的境界稱為「道」。

「勞神明為一，而不知其同也，謂之朝三。何謂朝三？曰：狙公賦芧，曰：『朝三而莫四。』眾狙皆怒。曰：『然則朝四而莫三。』眾狙皆悅。名實未虧，而喜怒為用，亦因是也。」如果不是「適得」，不是安居於那樣的「通」的視野中，而是要勞神強解，來追求「一」，不了解真正的「同」，也就是不明瞭「齊物」的原則，只是要找到統合的道理，那叫做「朝三」。

「朝三」是什麼？來自於養猴子的典故。養猴子的老頭，發橡實（「芧」，另一種說法是發芋頭「芋」）給猴子。他跟猴子說：「早上給三升，下午給四升。」猴子聽了都很生氣，覺得太少。老頭就改口說：「那麼早上給四升，下午給三升好了。」猴子聽了就高興了。

「朝三暮四」、「朝四暮三」，其實都是一樣的，沒有真正的差別，然而猴子卻一則以怒，一則以喜。那喜怒沒有真正的「得」為根據，猴子根本沒有多得到任何東西啊！就像「勞神明為一」的那種人，他們強求找到的道理，不是真正的「得」，有什麼好高興、得意的呢？要真正知「通」、「知其同」，能夠「適得」，真正有「得」，才值得高興吧！

「**是以聖人和之以是非，而休乎天鈞，是之謂兩行。**」所以聖人把是非糰和在一起，得到了自然的均衡（天鈞），不再需要分辨此是彼非，這樣可以，那樣也可以，「是」是「非」，「非」也可以是「是」，所以稱為「兩行」，兩個方向都可以走，這樣才是真正的「得」。

學有專精只是小聰明

「古之人，其知有所至矣。惡乎至？有以為未始有物者，至矣盡矣，不可以加矣。」「古之人」，代表理想的境地。理想上，人的最高智慧可以到哪裡？最高最高到能夠領略一切事物生成之前的狀況，以回到那種無存在拘束的態度活著。沒有比這個更高的了。這也就是「齊物」，「齊物」代表「至矣盡矣」的最高智慧。

「其次以為有物矣，而未始有封也。其次以為有封焉，而未始有是非也。」第二等智慧的人，在他眼中有「物」，沒有辦法徹底解消「物」的存在意識，但那「物」是渾然一片，還沒有分別，還沒有彼此疆界（封）

的。第三等智慧，「物」有了分別、有了疆界，一樣一樣區隔出來，但還沒有從中去判斷是非，沒有覺得這個對、那個錯，這樣比較好、那樣比較差。

「**是非之彰也，道之所以虧也。道之所以虧，愛之所以成。**」再次一等，那也就有了是非，也就降到了一般的現實世俗了。有了是非，去區分好壞對錯，「道」就受傷了，因為不再「通」與「同」了。不再「通」、不再「同」，「道」有所虧損的情況下，偏好、愛惡就建立起來了。

「**果且有成與虧乎哉？果且無成與虧乎哉？有成與虧，故昭氏之鼓琴也；無成與虧，故昭氏之不鼓琴也。**」偏好、愛惡建立起來，「道」不再完整；和沒有偏好、愛惡，「道」不虧、仍然完整，兩者有什麼樣的差別呢？人文的享受、成就，起自於「有成與虧」。有偏好、愛惡，會分辨有好聽的聲音，有不好聽的聲音，如此才有了音樂。會有像昭氏那樣的樂師，去鼓琴創造好聽的聲音，和其他聲音分別開來。如果是偏好、愛惡建立之前，「道」無所虧缺的情況，所有的聲音都自有其道理，不會要分辨哪個聲音比哪個好聽，那麼就無所用於音樂，特地去鼓琴製造音樂毫無意義，昭氏就不會要鼓琴了。

「**昭文之鼓琴也，師曠之枝策也，惠子之據梧也，三子之知，幾乎皆其盛者也，故載之末年。**」「枝策」是用木杖打節奏，「據梧」是靠在机邊論辯說話。昭文鼓琴，師曠（盲者，所以總是帶著拐杖）敲節奏，惠施論辯說話，這三個人對這三件事特別拿手，幾乎是最棒的，因而其成就會被特別紀錄下來，傳留到後世。

「**為其好之也，以異於彼。其好之也，欲以明之。彼非所明而明之，故以堅白之昧終。而其子又以文之綸終，終身無成。**」這個人所專擅的，異於另一個人所專擅的。對於自己擅長的，就要特別加以凸顯出來。但愈是凸顯一種偏好專長，反而就愈是遠離了看見全盤道理的「明」（前面說的「莫若以明」的「明」）。不是真正的大聰明，只是小聰明，於是就只能停留在小道理的論辯上（指惠施），耍耍把戲分別「堅白」，說石頭的「堅」，和石頭的「白」，一個是質地、一個是顏色，不能等同混淆，如此愈辯愈蒙昧，始終脫離不出來。在惠施之後，承襲他的人，繼續這種對於語言文字的辨析，愈辨愈細，像將布抽析成一條一條線般，一輩子耗在上面，都不會有什麼結果的。

「**若是而可謂成乎？雖我亦成也。若是而不可謂成乎？物與我無成也。是故滑疑之耀，聖人之所圖也。**」世俗將他們這種特別的偏好專長視為成就，如果這算成就，那誰沒有偏好，誰沒有成就呢？如果他們對鼓琴、敲擊節奏、言談論辯的專長算不上成就，那麼這個世界上也就沒有成就這件事了。事實上，也不需要成就，「物」與「我」都混同無區別，沒有偏好、專精，沒有成見，也就沒有成就。所以聖人要做的，非但不是特定面向的成就，反而是突出滑稽、奇特、荒誕的方式，刺激世人感到懷疑，打破「成」、打破偏好，回歸「無成與虧」的狀態。「滑」指的是弔詭，似非而是的說法，和「疑」形成對比。「疑」是似是而非，因而啟人疑竇的說法。兩種加在一起，讓原本看來理所當然的事情不再那麼理所當然。

「為是不用而寓諸庸，此之謂『以明』。」如此放棄了文明的、刻意的成就，放棄了偏好、專精帶來的「用」，回復到一切收藏在平常、日常之中，就是「莫若以明」的道理。

「今且有言於此，不知其與是類乎？其與是不類乎？類與不類，

相與為類，則與彼無以異矣。」現在我們聽到了一種說法、一種意見，通常的反應是要問、要去判斷：這種說法、意見究竟類似、符合我相信的這個道理（是），還是不類似、不符合？但若是我們換一種反應方式，我們將自己相信的道理，和自己不相信的道理，加在一起成為一個大「類」（是與非、好與壞、對與錯，相反的東西可以並存放在一起，這種作法也就是前面所說的「兩行」），成為一個更大的道理，那麼不管我們聽到的那個說法、那個意見（彼）是什麼，都一定包含在這個大「類」、這個大道理中。

這又是莊子運用當時「名學」、「名家」技巧建立的雄辯。今天有一個道理A，一個道理B，要嘛B和A有交集，要嘛B和A沒有交集（「**不知其與是類乎？其與是不類乎？**」），我們不知道。但如果我們建立一個新的道理，一個新的集合，等於「A加非A」，那麼我們的懷疑、不知道就消失了，我們可以從邏輯上百分之百確定一件事：不管B是什麼，B一定屬於「A加非A」這個大類，一定和「A加非A」這個大集合有交集。

「**雖然，請嘗言之。**」接著莊子用推衍這個道理給我們聽。「**有始也者，有未始有始也者，有未始有夫未始有始也者。有有也者，有無也者，有未始有無也者，有未始有夫未始有無也者。**」「有開端有來歷」，是一種道理（A）；「沒有開端沒有來歷」，是另一種道理（非A）；再往前推，我們就能推出一種還沒有分辨「有開端有來歷」或「沒有開端沒有來歷」的道理（非A且非非A），也就是同時包納了「有開端有來歷」和「沒有開端沒有來歷」兩種道理的道理（A且非A）。「有」是一種道理（A），「無」是一種道理（非A）；再往前推，我們就能推出一種尚未區分「有」與「無」的道理（非A且非非A），就能同時包納「有」和「無」（A且非

A）。不只如此，再往前推，我們還能推出一種包納了「區分有無」（非（A且非A））與「未區分有無」（A且非A）的更大的道理（（A且非A）且非（A且非A））。

這樣的包納涵化可以不斷往後退，將前面一項推論的正反兩個集合加在一起，產生新的大集合。於是我們知道了，這一段話，正就是前面所說的「**滑疑之耀**」，莊子在這裡建立了似非而是又似是而非的邏輯推論，逼迫我們離開原本安穩明確的常識，產生懷疑、混淆。

「**俄而有無矣，而未知有無之果孰有孰無也。今我則已有謂矣，而未知吾所謂之其果有謂乎？其果無謂乎？**」在這種一層一層的有無論證中，人要如何確定你所主張的「有」，究竟落在一層層集合中的哪一層、哪一邊？「A」可能落在「非A且非非A」的集合中，以「非非A」的反面形式出現，不必然是正面的。更不用說「A」也可能出現在（（A且非A）且非（A且非A））這個更大的集合中，要如何從這個集合裡判斷A到底是正面的還是負面的？怎麼知道我現在主張的「有」（有謂），說不定其實是主張「無」的（無謂）呢？

「**天下莫大於秋豪之末，而大山為小；莫壽乎殤子，而彭祖為夭。**」有無、正負在不同集合中有不同、相反的意義，如此看來，我們以為的大小、長短，都和有無一樣失去了固定的意義。因而我們大可主張：「全天下沒有比秋天鳥獸身上新長的毫毛尾端更大的東西了，泰山反而是小的。全天下沒有活得比剛出生就夭折的嬰兒更久的了，彭祖反而死得好早。」

「**天地與我並生，而萬物與我為一。既已為一矣，且得有言乎？既已謂之一矣，且得無言乎？一與言為二，二與一為三，自此以往，**

巧曆不能得，而況其凡乎！」所以，是在如此「**滑疑之耀**」的邏輯說法中，莊子得到了「**天地與我並生，而萬物與我為一**」的結論，一層層包納涵化的集合中，正負被混同取消了，區別無從建立，沒有了絕對的時間長短區別，於是我和天地同等長久；沒有了物體彼此的區別，於是所有的萬物和我混和在一起。

「**天地與我並生，而萬物與我為一**」後來的人很喜歡引用莊子這兩句話，但他們往往都只是將這兩句話當作某種主觀唯心的感受、想像，並不了解莊子的原意根本不是如此。這就是「名學」細膩的形式邏輯思考在中國中斷所付出的代價之一。一、兩千年來，甚至一直到現在，許多人如此誤解、誤用莊子而不自知，絕大多數對莊子這段文字的解釋，都稀里糊塗地隨便帶過去。

莊子接著說：萬物與我為一，一切混同去除區別，那也就沒有什麼好多說的了。然而，當我們說「萬物與我為一」，這仍然還是「說」。一旦說「萬物與我為一」，那就不是真正「為一」了，有了「萬物與我為一」的道理自覺，不是「已而不知其然」，那就和真正「萬物與我為一」的混同分離，成了「二」，不再是「一」。「萬物與我為一」被「萬物與我為一」的自覺析分開來，又分成了「我」與「萬物」，加上「萬物與我為一」的自覺概念，變成了「三」，如此以往愈變愈多，就連掌管星曆的聰明人都算不來了，何況是一般人呢！

「**故自無適有，以至於三，而況自有適有乎！無適焉，因是已。**」

多麼可怕啊，從無到有，不過就是用語言表達一下「萬物與我為一」，都馬上繁衍分化為三，那就更不用說從本來就「有」、就存在的分別上去衍生出更多分別的「有」了。「齊物」沒有那麼容易，真正「齊物」必須停留（已）在不分別、不分析的狀態，停在那個原點上，哪裡都不去（無適焉）。

「道」沒有是非

清末民初的學者曹受坤，在他寫的《莊子內篇注》中主張：「至是〈齊物論〉正文已完，以下不過條列，以申述前旨。」這種看法，不無道理。畢竟莊子自己都已經對於「言」、對於解釋說明提出了警告，照說文章就應該「因是已」，停止在這裡。

〈齊物論〉後面的篇幅，基本上站在已經建立了「齊物」胸懷，拿「齊物」的觀點來檢驗一些我們習以為常的道理，予以修正、廓清。例如依隨「**是非之彰也，道之所以虧也。道之所以虧，愛之所以成也。**」的論理，於是對於某些事物的彰顯，其實正足以破壞其本性。「**大道不稱，大辯不言，大仁不仁，大廉不嗛，大勇不忮。道昭而不道，言辯而不及，仁常而不成，廉清而不信，勇忮而不成。**」道一旦彰顯了，就不再是原本那圓渾的「道」了，真正的道理不可能靠巧妙的辯術來傳達，真正的慈愛是普遍的，而不是在特定方面表現的；真正的「廉」是日常的生活，不會特別被標榜顯示其「清」；同樣，真正的「勇」，是不會讓人家看到其極端逞強、不害怕的模樣。

「大道不稱」，就是《老子》第一章第一句：「道可道，非常道」。「大仁不仁」，也就是《老子》說的：「聖人不仁，以萬物為芻狗。」從這裡，我們找到了《老子》論理的依據，《老子》將這套弔詭相反（看得到反而就不是，凸顯了就不真）的原則運用回處世上，形成其思想的核心。

另外，在這裡我們也看到莊子的矛盾，以及他運用雄辯的另外一層用心。「大辯不言」，若真相信如此，那就不該說了，就不該有莊子自己的文章。他還是要說，但是以明知、確信談論、說明的「行為」和要談論、說明的「道理」間有著根本衝突的態度來說的。因而，他一邊說，一邊跳到更高的層次質疑自己所說的、能說的。用盡了雄辯技巧，不只要我們理解、相信，還要我們同時意識到這套雄辯技巧之不可恃、不可信。用現代的邏輯語言說，那就是莊子的文章不斷游離往來於第一序的陳述，與第二序對這些陳述使用的語言與道理進行「後設」檢驗。

這也部分說明了為什麼《莊子》書中充滿了各式各樣的寓言。寓言不是事實，本身不可信，卻能啟發或暗示我們往某個方向認知。「得魚忘筌」，寓言是我們能當然明瞭的魚網，捕到了魚之後我們就能把漁網丟在一邊，不會像一般的論理文字，讓人容易混淆語言與道理，不小心就把漁網當作魚，執著於漁網反而捕不到魚了。

〈齊物論〉後段，莊子用了精采的寓言，顯示一般知識的限制。我們只能依隨自我主觀來感受、來理解，然而我們每個人的主觀都經常變動，要如何確定什麼時候、什麼狀態下的主觀才是真實、可信的呢？更何況這個世界上有那麼多不同的生物、不同的主觀，我們憑什麼覺得自己主觀的感受與理解是真實、可信的呢？

我們人處在濕氣較重的環境裡，很快就風濕痛，但魚一輩子隨時都在更溼的水裡卻不會有問題。我們爬得高一點，就嚇得發抖，但猿猴卻自在地飛盪在離地很遠的樹枝間。人、魚、猿猴，哪一個選擇的居住環境是「正確的」呢？

人吃穀物肉類，麋鹿吃草，大蜈蚣吃小蛇，貓頭鷹吃老鼠，哪一個選擇的食物是「正確的」呢？我們覺得最漂亮的美女，魚見了卻趕緊躲進深水中，鳥見了趕緊高飛到天上，麋鹿見了拔腿就跑，哪一個真正知道「美」呢？

我們每個人都怕死，視死為最大的悲哀，但我們誰真正知道死是如何呢？很容易想像我們死了，卻發現死後的狀態，比活著好多了，於是我們大為扼腕怨嘆：活著時多呆啊，怎麼會不想趕快死呢！

日常中，夢不就是這麼回事嗎？夢中喝酒喝得很高興，醒來卻面對悲哀痛苦的事。夢中哭泣，醒來卻高高興興去打獵。而且常常夢中還有夢，我們什麼時候真的有把握自己當下的主觀，是現實而不是夢呢？作夢時，你不也都覺得夢境裡的一切如此真實嗎？

因而，〈齊物論〉終結在這段千古流傳的美妙卻又深邃的寓言上：

「**昔者莊周夢為胡蝶，栩栩然胡蝶也，自喻適志與，不知周也。俄然覺，則蘧蘧然周也。不知周之夢為胡蝶與，胡蝶之夢為周與？周與胡蝶，則必有分矣，此之謂物化。**」

附錄

《莊子》選摘

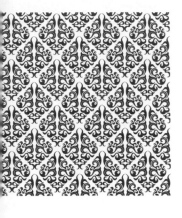

內篇

〈逍遙遊〉

北冥有魚，其名為鯤。鯤之大，不知其幾千里也，化而為鳥，其名為鵬。鵬之背，不知其幾千里也。怒而飛，其翼若垂天之雲。是鳥也，海運，則將徙於南冥。南冥者，天池也。

《齊諧》者，志怪者也。《諧》之言曰：「鵬之徙於南冥也，水擊三千里，摶扶搖而上者九萬里，去以六月息者也。」野馬也，塵埃也，生物之以息相吹也。天之蒼蒼，其正色邪？其遠而無所至極邪？其視下也，亦若是則已矣。

且夫水之積也不厚，則其負大舟也無力。覆杯水於坳堂之上，則芥為之舟；置杯焉，則膠，水淺而舟大也。風之積也不厚，則其負大翼也無力。故九萬里，則風斯在下矣。而後乃今培風，背負青天而莫之夭閼者，而後乃今將圖南。

蜩與學鳩笑之曰：「我決起而飛，槍榆枋，時則不至，而控於地而已矣，奚以之九萬里而南為？」適莽蒼者，三飡而反，腹猶果然；適百里者，宿舂糧；適千里者，三月聚糧。之二蟲又何知！小知不及大知，小年不及大年。奚以知其然也？朝菌不知晦朔，蟪蛄不知春秋，此小年也。楚之南有冥靈者，以五百歲為春，五百歲為秋；上古有大椿者，以八千歲為春，八千歲為秋，此大年也。而彭祖乃今以久特聞，眾人匹之，不亦悲哉！

湯之問棘也是已。窮髮之北，有冥海者，天池也。有魚焉，其廣數千里，未有知其修者，其名為鯤。有鳥焉，其名為鵬，背若泰山，翼若垂天之雲，摶扶搖羊角而上者九萬里，絕雲氣，負青天，然後圖南，且適南冥也。斥鴳笑之曰：「彼且奚適也？我騰躍而上，不過數仞而下，翱翔蓬蒿之間，此亦飛之至也。而彼且奚適也？」此小大之辯也。

故夫知效一官，行比一鄉，德合一君，而徵一國者，其自視也，亦若此矣。而宋榮子猶然笑之。且舉世而譽之而不加勸，舉世而非之而不加沮，定乎內外之分，辯乎榮辱之竟，斯已矣。彼其於世，未數數然也。雖然，猶有未樹也。夫列子御風而行，泠然善也，旬有五日而後反。彼於致福者，未數數然也。此雖免於行，猶有所待者也。若夫乘天地之正，而御六氣之辯，以遊無窮者，彼且惡乎待哉！故曰，至人無己，神人無功，聖人無名。

堯讓天下於許由，曰：「日月出矣，而爝火不息，其於光也，不亦難乎！時雨降矣，而猶浸灌，其於澤也，不亦勞乎！夫子立而天下治，而我猶尸之，吾自視缺然，請致天下。」

許由曰：「子治天下，天下既已治也。而我猶代子，吾將為名乎？名者，實之賓也，吾將為賓乎？鷦鷯巢於深林，不過一枝；偃鼠飲河，不過滿腹。歸休乎君！予無所用天下為。庖人雖不治庖，尸祝不越樽俎而代之矣。」

肩吾問於連叔曰：「吾聞言於接輿，大而無當，往而不反。吾驚怖其言，猶河漢而無極也。大有徑庭，不近人情焉。」

連叔曰：「其言謂何哉？」

曰：「藐姑射之山，有神人居焉，肌膚若冰雪，綽約若處子。不食五穀，吸風飲露。乘雲氣，御飛龍，而遊乎四海之外。其神凝，使物不疵癘而年穀熟。吾以是狂而不信也。」

連叔曰：「然，瞽者無以與乎文章之觀，聾者無以與乎鐘鼓之聲。豈唯形骸有聾、盲哉？夫知亦有之。是其言也，猶時女也。之人也，之德也，將旁礴萬物以為一，世蘄乎亂，孰弊弊焉以天下為事？之人也，物莫之傷，大浸稽天而不溺，大旱金石流、土山焦而不熱。是其塵垢秕糠，將猶陶鑄堯舜者也，孰肯以物為事！宋人資章甫而適諸越，越人斷髮文身，無所用之。堯治天下之民，平海內之政，往見四子藐姑射之山，汾水之陽，窅然喪其天下焉。」

惠子謂莊子曰：「魏王貽我大瓠之種，我樹之成，而實五石，以盛水漿，其堅不能自舉也。剖之以為瓢，則瓠落無所容。非不呺然大也，吾為其無用而掊之。」

莊子曰：「夫子固拙於用大矣。宋人有善為不龜手之藥者，世世以洴澼絖為事。客聞之，請買其方百金。聚族而謀曰：『我世世為洴澼絖，不過數金；今一朝而鬻技百金，請與之。』客得之，以說吳王。越有難，吳王使之將。冬與越人水戰，大敗越人，裂地而封之。能不龜手，一也；或以封，或不免於洴澼絖，則所用之異也。今子有五石之瓠，何不慮以為大樽而浮乎江湖？而憂其瓠落無所容？則夫子猶有蓬之心也夫！」

惠子謂莊子曰：「吾有大樹，人謂之樗。其大本擁腫而不中繩墨，其小枝卷曲而不中規矩，立之塗，匠者不顧。今子之言，大而無用，眾所同去也。」

莊子曰：「子獨不見狸狌乎？卑身而伏，以候敖者。東西跳梁，不避高下；中於機辟，死於罔罟。今夫斄牛，其大若垂天之雲。此能為大矣，而不能執鼠。今子有大樹，患其無用，何不樹之於無何有之鄉、廣莫之野？彷徨乎無為其側，逍遙乎寢臥其下。不夭斤斧，物無害者，無所可用，安所困苦哉！」

〈齊物論〉

南郭子綦隱机而坐，仰天而噓，荅焉似喪其耦。顏成子游立侍乎前，曰：「何居乎？形固可使如槁木，而心固可使如死灰乎？今之隱机者，非昔之隱机者也？」

子綦曰：「偃，不亦善乎，而問之也！今者吾喪我，女知之乎？女聞人籟而未聞地籟，女聞地籟而未聞天籟夫！」

子游曰：「敢問其方。」

子綦曰：「夫大塊噫氣，其名為風。是唯無作，作則萬竅怒呺。而獨不聞之翏翏乎！山林之畏佳，大木百圍之竅穴，似鼻、似口、似耳；似枅、似圈、似臼；似洼者、似汙者。激者、謞者、叱者、吸者、叫者、譹者、宎者、咬者。前者唱于，而隨者唱喁。泠風則小和，飄風則大和。厲風既，則眾竅為虛。而獨不見之調調、之刁刁乎？」

子游曰：「地籟，則眾竅是已；人籟，則比竹是已。敢問天籟？」

子綦曰：「夫吹萬不同，而使其自已也，咸其自取，怒者其誰邪！」

大知閑閑，小知閒閒；大言炎炎，小言詹詹。其寐也魂交，其覺也形開，與接為搆，日以心鬭。縵者，窖者，密者。小恐惴惴，大恐縵縵。其發若機栝，其司是非之謂也；其留如詛盟，其守勝之謂也；其殺若秋冬，以言其日消也，其溺之所為之，不可使復之也；其厭也如緘，以言其老洫也；近死之心，莫使復陽也。喜、怒、哀、樂、慮、嘆、變、慹、姚、佚、啟、態，樂出虛，蒸成菌。日夜相代乎前，而莫知其所萌。已乎，已乎！旦暮得此，其所由以生乎！

非彼無我，非我無所取。是亦近矣，而不知其所為使。若有真宰，而特不得其眹。可行已信，而不見其形，有情而無形。百骸、九竅、六藏，賅而存焉，吾誰與為親？汝皆說之乎？其有私焉？如是皆有為臣妾乎？其臣妾不足以相治乎？其遞相為君臣乎？其有真君存焉？如求得其情與不得，無益損乎其真。一受其成形，不亡以待盡。與物相刃相靡，其行盡如馳，而莫之能止，不亦悲乎！終身役役，而不見其成功，苶然疲役，而不知其所歸，可不哀邪！人謂之不死，奚益！其形化，其心與之然，可不謂大哀乎！人之生也，固若是芒乎？其我獨芒，而人亦有不芒者乎？夫隨其成心而師之，誰獨且無師乎？奚必知代，而心自取者有之？愚者與有焉。未成乎心而有是非，是今日適越而昔至也。是以無有為有。無有為有，雖有神禹，且不能知，吾獨且奈何哉！

夫言非吹也。言者有言，其所言者特未定也。果有言邪？其未嘗有言邪？其以為異於鷇音，亦有辯乎？其無辯乎？道惡乎隱而有真偽？言惡乎隱而有是非？道惡乎往而不存？言惡乎存而不可？道隱於小成，言隱於榮華。故有儒墨之是非，以是其所非，而非其所是。欲是其所非而非其所是，則莫若以明。物無非彼，物無非是。自彼則不見，自知則知之。故曰：彼出於是，是亦因彼，彼是方生之說也。雖然，方生方死，方死方生；方可方不可，方不可方可；因是因非，因非因是。是以聖人不由而照之於天，亦因是也。是亦彼也，彼亦是也。彼亦一是非，此亦一是非。果且有彼是乎哉？果且無彼是乎哉？彼是莫得其偶，謂之道樞。樞始得其環中，以應無窮。是亦一無窮，非亦一無窮也。故曰「莫若以明」。

以指喻指之非指，不若以非指喻指之非指也；以馬喻馬之非馬，不若以非馬喻馬之非馬也。天地，一指也，萬物，一馬也。可乎可，不可乎不可。道行之而成，物謂之而然。惡乎然？然於然。惡乎不然？不然於不然。物固有所然，物固有所可。無物不然，無物不可。故為是舉莛與楹，厲與西施，恢恑憰怪，道通為一。其分也，成也；其成也，毀也。凡物無成與毀，復通為一。唯達者知通為一，為是不用而寓諸庸。庸也者，用也；用也者，通也；

通也者，得也。適得而幾矣，因是已，已而不知其然，謂之道。勞神明為一，而不知其同也，謂之朝三。何謂朝三？狙公賦芧，曰：「朝三而莫四。」眾狙皆怒。曰：「然則朝四而莫三。」眾狙皆悅。名實未虧，而喜怒為用，亦因是也。是以聖人和之以是非，而休乎天鈞，是之謂兩行。

古之人，其知有所至矣。惡乎至？有以為未始有物者，至矣盡矣，不可以加矣。其次以為有物矣，而未始有封也。其次以為有封焉，而未始有是非也。是非之彰也，道之所以虧也。道之所以虧，愛之所以成。果且有成與虧乎哉？果且無成與虧乎哉？有成與虧，故昭氏之鼓琴也；無成與虧，故昭氏之不鼓琴也。昭文之鼓琴也，師曠之枝策也，惠子之據梧也，三子之知，幾乎皆其盛者也，故載之末年。唯其好之也，以異於彼。其好之也，欲以明之。彼非所明而明之，故以堅白之昧終。而其子又以文之綸終，終身無成。若是而可謂成乎？雖我亦成也。若是而不可謂成乎？物與我無成也。是故滑疑之耀，聖人之所圖也。為是不用而寓諸庸，此之謂「以明」。

今且有言於此，不知其與是類乎？其與是不類乎？類與不類，相與為類，則與彼無以異矣。雖然，請嘗言之。有始也者，有未始有始也者，有未始有夫未始有始也者。有有也者，有無也者，有未始有無也者，有未始有夫未始有無也者。俄而有無矣，而未知有無之果孰有孰無也。今我則已有謂矣，而未知吾所謂之其果有謂乎，其果無謂乎？天下莫大於秋豪之末，而大山為小；莫壽於殤子，而彭祖為夭。天地與我並生，而萬物與我為一。既已為一矣，且得有言乎？既已謂之一矣，且得無言乎？一與言為二，二與一為三。自此以往，巧曆不能得，而況其凡乎！故自無適有，以至於三，而況自有適有乎！無適焉，因是已！

夫道未始有封，言未始有常，為是而有畛也，請言其畛：有左，有右，有倫，有義，有分，有辯，有競，有爭，此之謂八德。六合之外，聖人存而不論；六合之內，聖人論而不議。春秋經世先王之志，聖人議而不辯。故分也者，有不分也；辯也者，有不辯也。曰：何也？聖人懷之，眾人辯之以相示也。故曰辯也者有不見也。夫大道不稱，大辯不言，大仁不仁，大廉不嗛，大勇不忮。道昭而不道，言辯而不及，仁常而不成，廉清而不信，勇忮而不成。五者園而幾向方矣，故知止其所不知，至矣。孰知不言之辯，不道之道？若有能知，此之謂天府。注焉而不滿，酌焉而不竭，而不知其所由來，此之謂葆光。

故昔者堯問於舜曰：「我欲伐宗、膾、胥敖，南面而不釋然。其故何也？」舜曰：「夫三子者，猶存乎蓬艾之間。若不釋然，何哉？昔者十日並出，萬物皆照，而況德之進乎日者乎！」

齧缺問乎王倪曰：「子知物之所同是乎？」

曰：「吾惡乎知之！」

「子知子之所不知邪？」

曰：「吾惡乎知之！」

「然則物無知邪？」

曰：「吾惡乎知之！」

雖然，嘗試言之。庸詎知吾所謂知之非不知邪？庸詎知吾所謂不知之非知邪？

且吾嘗試問乎女：民溼寢則腰疾偏死，鰌然乎哉？木處則惴慄恂懼，猨猴然乎哉？三者孰知正處？民食芻豢，麋鹿食薦，蝍蛆且甘帶，鴟鴉耆鼠，四者孰知正味？猨猵狙以為雌，麋與鹿交，鰌與魚游。毛嬙麗姬，人之所美也；魚見之深入，鳥見之高飛，麋鹿見之決驟，四者孰知天下之正色哉？自我觀之，仁義之端，是非之塗，樊然殽亂，吾惡能知其辯！

齧缺曰：「子不知利害，則至人固不知利害乎？」

王倪曰：「至人神矣！大澤焚而不能熱，河漢沍而不能寒，疾雷破山飄風振海而不能驚。若然者，乘雲氣，騎日月，而遊乎四海之外，死生無變於己，而況利害之端乎！」

瞿鵲子問乎長梧子曰：「吾聞諸夫子，聖人不從事於務，不就利，不違害，不喜求，不緣道；無謂有謂，有謂無謂，而遊乎塵垢之外。夫子以為孟浪之言，而我以為妙道之行也。吾子以為奚若？」

長梧子曰：「是黃帝之所聽熒也，而丘也何足以知之！且女亦大早計，見卵而求時夜，見彈而求鴞炙。

予嘗為女妄言之，女以妄聽之。奚旁日月，挾宇宙？為其脗合，置其滑涽，以隸相尊。眾人役役，聖人愚芚，參萬歲而一成純。萬物盡然，而以是相蘊。

予惡乎知說生之非惑邪！予惡乎知惡死之非弱喪而不知歸者邪！麗之姬，艾封人之子也。晉國之始得之也，涕泣沾襟；及其至於王所，與王同筐牀，食芻豢，而後悔其泣也。予惡乎知夫死者不悔其始之蘄生乎？

夢飲酒者，旦而哭泣；夢哭泣者，旦而田獵。方其夢也，不知其夢也。夢之中又占其夢焉，覺而後知其夢也。且有大覺而後知此其大夢也，而愚者自以為覺，竊竊然知之。君乎，牧乎，固哉！丘也與女，皆夢也；予謂女夢，亦夢也。是其言也，其名為弔詭。萬世之後而一遇大聖，知其解者，是旦暮遇之也。

既使我與若辯矣，若勝我，我不若勝，若果是也，我果非也邪？我勝若，若不吾勝，我果是也，而果非也邪？其或是也，其或非也邪？其俱是也，其俱非也邪？我與若不能相知也。則人固受其黮闇，吾誰使正之？使同乎若者正之？既與若同矣，惡能正之！使同乎我者正之？既同乎我矣，惡能正之！使異乎我與若者正之？既異乎我與若矣，惡能正之！使同乎我與若者正之？既同乎我與若矣，惡能正之！然則我與若與人俱不能相知也，而待彼也邪？

何謂和之以天倪？曰：是不是，然不然。是若果是也，則是之異乎不是也亦無辯；然若果然也，則然之異乎不然也亦無辯。化聲之相待、若其不相待。和之以天倪，因之以曼衍，所以窮年也。忘年忘義，振於無竟，故寓諸無竟。」

罔兩問景曰：「曩子行，今子止；曩子坐，今子起。何其無特操與？」

景曰：「吾有待而然者邪？吾所待又有待而然者邪？吾待蛇蚹蜩翼邪？惡識所以然！惡識所以不然！」

昔者莊周夢為胡蝶，栩栩然胡蝶也，自喻適志與，不知周也。俄然覺，則蘧蘧然周也。不知周之夢為胡蝶與，胡蝶之夢為周與？周與胡蝶，則必有分矣。此之謂物化。

〈養生主〉

吾生也有涯，而知也無涯。以有涯隨無涯，殆已；已而為知者，殆而已矣。為善無近名，為惡無近刑。緣督以為經，可以保身，可以全生，可以養親，可以盡年。

庖丁為文惠君解牛，手之所觸，肩之所倚，足之所履，膝之所踦，砉然嚮然，奏刀騞然，莫不中音。合於桑林之舞，乃中經首之會。

文惠君曰：「譆，善哉！技蓋至此乎？」

庖丁釋刀對曰：「臣之所好者道也，進乎技矣。始臣之解牛之時，所見無非全牛者。三年之後，未嘗見全牛也。方今之時，臣以神遇而不以目視，官知止而神欲行。依乎天理，批大郤，導大窾，因其固然。技經肯綮之未嘗，而況大軱乎！良庖歲更刀，割也；族庖月更刀，折也。今臣之刀十九年矣，所解數千牛矣，而刀刃若新發於硎。彼節者有閒，而刀刃者無厚；以無厚入有閒，恢恢乎其於遊刃必有餘地矣，是以十九年而刀刃若新發於硎。雖然，每至於族，吾見其難為，怵然為戒，視為止，行為遲。動刀甚微，謋然以解，如土委地。提刀而立，為之四顧，為之躊躇滿志，善刀而藏之。」

文惠君曰：「善哉！吾聞庖丁之言，得養生焉。」

公文軒見右師而驚曰：「是何人也？惡乎介也？天與，其人與？」曰：「天也，非人也。天之生是使獨也，人之貌有與也。以是知其天也，非人也。

澤雉十步一啄，百步一飲，不蘄畜乎樊中。神雖王，不善也。」

老聃死，秦失弔之，三號而出。

弟子曰：「非夫子之友邪？」

曰：「然。」

「然則弔焉若此，可乎？」

曰：「然。始也吾以為其人也，而今非也。向吾入而弔焉，有老者哭之，如哭其子；少者哭之，如哭其母。彼其所以會之，必有不蘄言而言，不蘄哭而哭者，是遁天倍情，忘其所受，古者謂之遁天之刑。適來，夫子時也；適去，夫子順也。安時而處順，哀樂不能入也，古者謂是帝之縣解。」

指窮於為薪，火傳也，不知其盡也。

外篇

〈秋水〉

秋水時至，百川灌河，涇流之大，兩涘渚崖之間，不辯牛馬。於是焉河伯欣然自喜，以天下之美為盡在己。順流而東行，至於北海，東面而視，不見水端。於是焉河伯始旋其面目，望洋向若而歎曰：「野語有之曰：『聞道百以為莫己若者』，我之謂也。且夫我嘗聞少仲尼之聞而輕伯夷之義者，始吾弗信；今我睹子之難窮也，吾非至於子之門則殆矣，吾長見笑於大方之家。」

北海若曰：「井蛙不可以語於海者，拘於虛也；夏蟲不可以語於冰者，篤於時也；曲士不可以語於道者，束於教也。今爾出於崖涘，觀於大海，乃知爾醜，爾將可與語大理矣。天下之水，莫大於海，萬川歸之，不知何時止而不盈；尾閭泄之，不知何時已而不虛；春秋不變，水旱不知。此其過江河之流，不可為量數。而吾未嘗以此自多者，自以比形於天地，而受氣於陰陽，吾在於天地之間，猶小石小木之在大山也，方存乎見小，又奚以自多！計四海之在天地之間也，不似礨空之在大澤乎？計中國之在海內，不似稊米之在大倉乎？號物之數謂之萬，人處一焉；人卒九州，穀食之所生，舟車之所通，人處一焉；此其比萬物也，不似豪末之在於馬體乎？五帝之所連，三王之所爭，仁人之所憂，任士之所勞，盡此矣。伯夷辭之以為名，仲尼語之以為博，此其自多也，不似爾向之自多於水乎？」

河伯曰：「然則吾大天地而小豪末，可乎？」

北海若曰：「否。夫物，量無窮，時無止，分無常，終始無故。是故大知觀於遠近，故小而不寡，大而不多：知量無窮。證曏今故，故遙而不悶，掇而不跂，知時無止；察乎盈虛，故得而不喜，失而不憂，知分之無常也；明乎坦塗，故生而不說，死而不禍，知終始之不可故也。計人之所知，不若其所不知；其生之時，不若未生之時；以其至小求窮其至大之域，是故迷亂而不能自得也。由此觀之，又何以知豪末之足以定至細之倪！又何以知天地之足以窮至大之域！」

河伯曰：「世之議者皆曰：『至精無形，至大不可圍。』是信情乎？」

北海若曰：「夫自細視大者不盡，自大視細者不明。夫精，小之微也；垺，大之殷也，故異便。此勢之有也。夫精粗者，期於有形者也；無形者，數之所不能分也；不可圍者，數之所不能窮也。可以言論者，物之粗也；可以意致者，物之精也；言之所不能論，意之所不能察致者，不期精粗焉。

是故大人之行，不出乎害人，不多仁恩；動不為利，不賤門隸；貨財之爭，不多辭讓；事焉不借人，不多食乎力，不賤貪污；行殊乎俗，不多辟異；為在從眾，不賤佞諂；世之爵祿不足以為勸，戮恥不足以為辱；知是非之不可為分，細大之不可為倪。聞曰：『道人不聞，至德不得，大人無己。』約分之至也。」

河伯曰：「若物之外，若物之內，惡至而倪貴賤？惡至而倪小大？」

北海若曰：「以道觀之，物無貴賤；以物觀之，自貴而相賤；以俗觀之，貴賤不在己。以差觀之，因其所大而大之，則萬物莫不大；因其所小而小之，則萬物莫不小；知天地之為稊米也，知豪末之為丘山也，則差數睹矣。以功觀之，因其所有而有之，則萬物莫不有；因其所無而無之，則萬物莫不無；知東西之相反而不可以相無，則功分定矣。以趣觀之，因其所然而然之，則萬物莫不然；因其所非而非之，則萬物莫不非；知堯、桀之自然而相非，則趣操睹矣。

昔者堯舜讓而帝，之噲讓而絕；湯武爭而王，白公爭而滅。由此觀之，爭讓之禮，堯桀之行，貴賤有時，未可以為常也。梁麗可以衝城，而不可以窒穴，言殊器也；騏驥驊騮，一日而馳千里，捕鼠不如狸狌，言殊技也；鴟鵂夜撮蚤，察毫末，晝出瞋目而不見丘山，言殊性也。故曰，蓋師是而無非，師治而無亂乎？是未明天地之理，萬物之情者也。是猶師天而無地，師陰而無陽，其不可行明矣。然且語而不舍，非愚則誣也。帝王殊禪，三代殊繼。差其時，逆其俗者，謂之篡夫；當其時，順其俗者，謂之義徒。默默乎河伯！女惡知貴賤之門，小大之家！」

河伯曰：「然則我何為乎？何不為乎？吾辭受趣舍，吾終奈何？」

北海若曰：「以道觀之，何貴何賤，是謂反衍；無拘而志，與道大蹇。何少何多，是謂謝施；無一而行，與道參差。嚴乎若國之有君，其無私德；繇繇乎若祭之有社，其無私福；泛泛乎其若四方之無窮，其無所畛域。兼懷萬物，其孰承翼？是謂無方。萬物一齊，孰短孰長？道無終始，物有死生，不恃其成；一虛一滿，不位乎其形。年不可舉，時不可止；消息盈虛，終則有始。是所以語大義之方，論萬物之理也。物之生也，若驟若馳，無動而不變，無時而不移。何為乎，何不為乎？夫固將自化。」

河伯曰：「然則何貴於道邪？」

北海若曰：「知道者必達於理，達於理者必明於權，明於權者不以物害己。至德者，火弗能熱，水弗能溺，寒暑弗能害，禽獸弗能賊。非謂其薄之也，言察乎安危，寧於禍福，謹於去就，莫之能害也。故曰，天在內，人在外，德在乎天。知天人之行，本乎天，位乎得，蹢躅而屈伸，反要而語極。」

曰：「何謂天？何謂人？」

北海若曰：「牛馬四足，是謂天；落馬首，穿牛鼻，是謂人。故曰，無以人滅天，無以故滅命，無以得殉名。謹守而勿失，是謂反其真。」

夔憐蚿，蚿憐蛇，蛇憐風，風憐目，目憐心。

夔謂蚿曰：「吾以一足趻踔而行，予無如矣。今子之使萬足，獨柰何？」

蚿曰：「不然。子不見夫唾者乎？噴則大者如珠，小者如霧，雜而下者不可勝數也。今予動吾天機，而不知其所以然。」

蚿謂蛇曰：「吾以眾足行，而不及子之無足，何也？」

蛇曰：「夫天機之所動，何可易邪？吾安用足哉！」

蛇謂風曰：「予動吾脊脅而行，則有似也。今子蓬蓬然起於北海，蓬蓬然入於南海，而似無有，何也？」

風曰：「然，予蓬蓬然起於北海而入於南海也，然而指我則勝我，䲡我亦勝我。雖然，夫折大木，蜚大屋者，唯我能也。故以眾小不勝為大勝也。為大勝者，唯聖人能之。」

孔子遊於匡，宋人圍之數帀，而絃歌不惙。子路入見，曰：「何夫子之娛也？」

孔子曰：「來，吾語女。我諱窮久矣，而不免，命也；求通久矣，而不得，時也。當堯舜而天下無窮人，非知得也；當桀紂而天下無通人，非知失也，時勢適然。夫水行不避蛟龍者，漁父之勇也；陸行不避兕虎者，獵夫之勇也；白刃交於前，視死若生者，烈士之勇也；知窮之有命，知通之有時，臨大難而不懼者，聖人之勇也。由處矣！吾命有所制矣。」

無幾何，將甲者進，辭曰：「以為陽虎也，故圍之。今非也，請辭而退。」

公孫龍問於魏牟曰：「龍少學先王之道，長而明仁義之行；合同異，離堅白；然不然，可不可；困百家之知，窮眾口之辯；吾自以為至達已。今吾聞莊子之言，汒焉異之。不知論之不及與，知之弗若與？今吾無所開吾喙，敢問其方。」

公子牟隱機大息，仰天而笑曰：「子獨不聞夫埳井之鼃乎？謂東海之鱉曰：『吾樂與！出跳梁乎井幹之上，入休乎缺甃之崖；赴水則接腋持頤，蹶泥則沒足滅跗；還虷蟹與科斗，莫吾能若也。且夫擅一壑之水，而跨跱埳井之樂，此亦至矣，夫子奚不時來入觀乎！』東海之鱉左足未入，而右膝已縶矣。於是逡巡而卻，告之海曰：『夫千里之遠，不足以舉其大；千仞之高，不足以極其深。禹之時十年九潦，而水弗為加益；湯之時八年七旱，而崖不為加損。夫不為頃久推移，不以多少進退者，此亦東海之大樂也。』於是埳井之鼃聞之，適適然驚，規規然自失也。

且夫知不知是非之竟，而猶欲觀於莊子之言，是猶使蚊負山，商蚷馳河也，必不勝任矣。且夫知不知論極妙之言，而自適一時之利者，是非埳井之鼃與？且彼方跐黃泉而登大皇，無南無北，奭然四解，淪於不測；無東無西，始於玄冥，反於大通。子乃規規然而求之以察，索之以辯，是直用管闚天，用錐指地也，不亦小乎！子往矣！且子獨不聞夫壽陵餘子之學於邯鄲與？未得國能，又失其故行矣，直匍匐而歸耳。今子不去，將忘子之故，失子之業。」

公孫龍口呿而不合，舌舉而不下，乃逸而走。

莊子釣於濮水，楚王使大夫二人往先焉，曰：「願以境內累矣！」

莊子持竿不顧，曰：「吾聞楚有神龜，死已三千歲矣，王巾笥而藏之廟堂之上。此龜者，寧其死為留骨而貴乎？寧其生而曳尾於塗中乎？」

二大夫曰：「寧生而曳尾塗中。」

莊子曰：「往矣！吾將曳尾於塗中。」

惠子相梁，莊子往見之。或謂惠子曰：「莊子來，欲代子相。」於是惠子恐，搜於國中三日三夜。

莊子往見之，曰：「南方有鳥，其名為鵷鶵，子知之乎？夫鵷鶵，發於南海而飛於北海，非梧桐不止，非練實不食，非醴泉不飲。於是鴟得腐鼠，鵷鶵過之，仰而視之曰：『嚇！』今子欲以子之梁國而嚇我邪？」

莊子與惠子遊於濠梁之上。莊子曰：「儵魚出游從容，是魚之樂也。」惠子曰：「子非魚，安知魚之樂？」莊子曰：「子非我，安知我不知魚之樂？」惠子曰：「我非子，固不知子矣；子固非魚也，子之不知魚之樂，全矣！」莊子曰：「請循其本。子曰『汝安知魚樂』云者，既已知吾知之而問我，我知之濠上也。」

雜篇

〈說劍〉

昔趙文王喜劍，劍士夾門而客三千餘人，日夜相擊於前，死傷者歲百餘人，好之不厭。如是三年，國衰，諸侯謀之。

太子悝患之，募左右曰：「孰能說王之意止劍士者，賜之千金。」左右曰：「莊子當能。」

太子乃使人以千金奉莊子。莊子弗受，與使者俱，往見太子曰：「太子何以教周，賜周千金？」

太子曰：「聞夫子明聖，謹奉千金以幣從者。夫子弗受，悝尚何敢言！」

莊子曰：「聞太子所欲用周者，欲絕王之喜好也。使臣上說大王而逆王意，下不當太子，則身刑而死，周尚安所事金乎？使臣上說大王，下當太子，趙國何求而不得也！」

太子曰：「然。吾王所見，唯劍士也。」

莊子曰：「諾。周善為劍。」

太子曰：「然吾王所見劍士，皆蓬頭突鬢垂冠，曼胡之纓，短後之衣，瞋目而語難，王乃說之。今夫子必儒服而見王，事必大逆。」

莊子曰：「請治劍服。」治劍服三日，乃見太子。太子乃與見王，王脫白刃待之。莊子入殿門不趨，見王不拜。王曰：「子欲何以教寡人，使太子先？」

曰：「臣聞大王喜劍，故以劍見王。」

王曰：「子之劍何能禁制？」

曰：「臣之劍十步一人，千里不留行。」

王大悅之，曰：「天下無敵矣！」

莊子曰：「夫為劍者，示之以虛，開之以利，後之以發，先之以至。願得試之。」

王曰：「夫子休就舍，待命令設戲請夫子。」

王乃校劍士七日，死傷者六十餘人，得五六人，使奉劍於殿下，乃召莊子。王曰：「今日試使士敦劍。」

莊子曰：「望之久矣。」

王曰：「夫子所御杖，長短何如？」

曰：「臣之所奉皆可。然臣有三劍，唯王所用，請先言而後試。」

王曰：「願聞三劍。」

曰：「有天子劍，有諸侯劍，有庶人劍。」

王曰：「天子之劍何如？」

曰：「天子之劍，以燕谿石城為鋒，齊岱為鍔，晉衛為脊，周宋為鐔，韓魏為夾；包以四夷，裹以四時；繞以渤海，帶以常山；制以五行，論以刑德；開以陰陽，持以春夏，行以秋冬。此劍，直之無前，舉之無上，案之無下，運之無旁，上決浮雲，下絕地紀。此劍一用，匡諸侯，天下服矣。此天子之劍也。」

文王芒然自失，曰：「諸侯之劍何如？」

曰：「諸侯之劍，以知勇士為鋒，以清廉士為鍔，以賢良士為脊，以忠聖士為鐔，以豪桀士為夾。此劍，直之亦無前，舉之亦無上，案之亦無下，運之亦無旁；上法圓天以順三光，下法方地以順四時，中和民意，以安四鄉。此劍一用，如雷霆之震也，四封之內，無不賓服而聽從君命者矣。此諸侯之劍也。」

王曰：「庶人之劍何如？」

曰：「庶人之劍，蓬頭突鬢垂冠，曼胡之纓，短後之衣，瞋目而語難。相擊於前，上斬頸領，下決肝肺。此庶人之劍，無異於鬭雞，一旦命已絕矣，無所用於國事。今大王有天子之位而好庶人之劍，臣竊為大王薄之。」

王乃牽而上殿。宰人上食，王三環之。莊子曰：「大王安坐定氣，劍事已畢奏矣。」

於是文王不出宮三月，劍士皆服斃其處也。

中國傳統經典選讀6

開闊混同的精神世界 莊子

2014年3月初版
2019年2月初版第三刷

定價：新臺幣240元

著　　者　楊　　照
叢書編輯　陳　逸　達
整體設計　江　宜　蔚

出 版 者　聯經出版事業股份有限公司
地 址　新北市汐止區大同路一段369號1樓
編輯部地址　新北市汐止區大同路一段369號1樓
叢書主編電話　(02)86925588轉5305
台北聯經書房　台北市新生南路三段94號
電話　(02)23620308
台中分公司　台中市北區崇德路一段198號
暨門市電話　(04)22312023
郵政劃撥帳戶第0100559-3號
郵撥電話　(02)23620308
印 刷 者　文聯彩色製版印刷有限公司
總 經 銷　聯合發行股份有限公司
發 行 所　新北市新店區寶橋路235巷6弄6號2F
電話　(02)29178022

總 編 輯　胡　金　倫
總 經 理　陳　芝　宇
社 長　羅　國　俊
發 行 人　林　載　爵

行政院新聞局出版事業登記證局版臺業字第0130號

本書如有缺頁，破損，倒裝請寄回台北聯經書房更換。　ISBN 978-957-08-4366-8 (平裝)
聯經網址 http://www.linkingbooks.com.tw
電子信箱 e-mail:linking@udngroup.com

國家圖書館出版品預行編目資料

開闔混同的精神世界 莊子/楊照著．初版．
新北市．聯經．2014年3月（民103年）．192面．
13.5×21公分（中國傳統經典選讀：6）
ISBN 978-957-08-4366-8（平裝）
[2019年2月初版第三刷]

1.莊子 2.研究考訂

121.337 103003166